AF149879

Eduard von Hartmann

Die Geisterhypothese des Spiritismus

Eduard von Hartmann

Die Geisterhypothese des Spiritismus

ISBN/EAN: 9783743695658

Hergestellt in Europa, USA, Kanada, Australien, Japan

Cover: Foto ©ninafisch / pixelio.de

Weitere Bücher finden Sie auf **www.hansebooks.com**

Die Geisterhypothese

des Spiritismus

und seine Phantome.

Von

Eduard von Hartmann.

Leipzig.

Verlag von Wilhelm Friedrich,

K. R. Hofbuchhändler.

1891.

Inhalt.

Einleitung.

Meine kleine Schrift „Der Spiritismus", welche im Jahre 1885 in dem gleichen Verlage erschien, hatte sich eine doppelte Aufgabe gestellt. Erstens wollte sie den gelehrten und gebildeten Kreisen des Publikums die Erscheinungsgebiete, mit denen der Spiritismus sich beschäftigt, näher rücken, sie auf die damit verknüpften psychologischen, psychiatrischen und kulturgeschichtlichen Interessen aufmerksam machen, und darauf hinweisen, dass in dieser Masse von Täuschungen und Missdeutungen doch ein der Beachtung sehr würdiger Kern vorhanden sein müsse. Zweitens wollte sie die zunehmende Epidemie des spiritistischen Aberglaubens durch immanente positive Kritik bekämpfen, und auf die noch nicht geradezu fanatischen und jeder Kritik unzugänglichen Anhänger dieser Lehre beruhigend und aufklärend wirken. Der erste Theil dieser Aufgabe ist nur in sehr unvollkommener Weise gefördert worden, weil das nichtspiritistische Publikum nur ausnahmsweise so viel Interesse für den Titel besass, um meine Schrift einer Beachtung zu würdigen. Der zweite Theil der Aufgabe dagegen ist, wenn auch weit davon entfernt erfüllt zu sein, doch in einem Maasse in Fluss gerathen, wie ich selber kaum für möglich gehalten hätte. Man hat in spiritistischen Kreisen meinen Angriff als den schwersten anerkannt, der je auf den Spiritismus ausgeführt ist, eben weil meine Kritik bedingungsweise auf die von ihm behaupteten Thatsachen eingeht, anstatt wie gewöhnlich bloss ihre Thatsächlichkeit zu bekämpfen. Meine Schrift wurde in's Englische, Schwedische und Russische übersetzt und regte die lebhaftesten Diskussionen an.

Zunächst veröffentlichte ich ein „Nachwort" zu meiner Schrift für spiritistische Leser in den „Psychischen Studien" 1885, Heft 11, S. 503—512, das meinen Standpunkt im Allgemeinen präcisirte und die gegen meine Unbefangenheit erhobenen Bedenken abwehrte. Alsdann liess ich in der „Sphinx" (1887 Juliheft) eine Entgegnung gegen einen Angriff Hellenbach's erscheinen unter dem Titel „Geister oder Hallucinationen"? An diesen Artikel knüpfte sich noch eine Diskussion mit dem Herausgeber der Sphinx, Herrn Dr. Hübbe-Schleiden. Schon vor dieser letzteren Veröffentlichung hatte Herr Staatsrath Aksakow, der Herausgeber der „Spiritistischen Bibliothek" in seiner Monatsschrift „Psychische Studien" eine gegen meine Schrift gerichtete Reihe von Artikeln begonnen, die sich durch mehrere Jahre hinzogen. Seit dem Frühjahr 1890 liegen diese Aufsätze nunmehr in Buchausgabe vor unter dem Titel: „Animismus und Spiritismus. Versuch einer kritischen Prüfung der mediumistischen Phänomene, mit besonderer Berücksichtigung der Hypothesen der Hallucinationen und des Unbewussten. Als Entgegnung auf Dr. E. v. Hartmann's Werk „Der Spiritismus". Zwei Bände mit zehn Lichtdruckbildern. Leipzig, Verlag von Oswald Mutze. 1890." Baron du Prel hat dieses Buch in der „Sphinx" (1890 Oktoberheft) als eine „Phänomenologie des Spiritismus" gefeiert, und in der That ist in dem Buche so ziemlich alles vereinigt zu finden, was die bisherige Diskussion an spiritistischen Argumenten gegen meine Kritik zu Tage gefördert hat. Es dürfte deshalb nicht überflüssig sein, zu der Beweisführung dieses Werkes Stellung zu nehmen, zumal Herr Aksakow in verschiedenen Punkten meiner Auffassung wesentliche Zugeständnisse entgegengebracht hat. Hoffentlich werden die nachfolgenden Blätter für eine weitere Fortsetzung des begonnenen Klärungsprocesses im spiritistischen Lager nicht vergeblich geschrieben sein.

Herr Aksakow will dabei nicht aus dem Auge verlieren, dass meine Schrift sich nicht mit der Thatsächlichkeit der berichteten Erscheinungen, sondern nur mit den aus den eventuellen Thatsachen zu ziehenden Schlussfolgerungen beschäftigt (S. 765), und will sich seinerseits gleichfalls nicht mit der Vertheidigung der

Thatsachen, sondern ·mit den Mitteln ihrer Erklärung beschäftigen (S. XXIII—XXIV). Er will die Unzulänglichkeit meiner Erklärungsversuche darthun, indem er eine Reihe von Erscheinungen aufzeigt, die mir unbekannt geblieben oder nicht genügend von mir beachtet worden seien und die sich durch meine Hypothesen nicht erklären lassen (S. 7 u. XXV) und will mich veranlassen, über die Erklärungsmöglichkeit dieser Thatsachen ein bedingungsweise geltendes Urtheil abzugeben, wie über die von mir gekannten und beachteten Thatsachen (304). Dazu gehört nun allerdings, dass die fraglichen Thatsachenreihen wenigstens in dem Maasse beachtenswerth erscheinen müssen, um sie einer ernsthaften, wenn auch konditionalen Diskussion zu würdigen; denn an ganz unglaubwürdige Berichte wird sich niemand die Mühe geben theoretische Erörterungen zu knüpfen. Nur in diesem Sinne kann Herr Aksakow auf die Feststellung der Thatsächlichkeit der fraglichen Erscheinungen Werth legen, wenn er der vorangestellten Erklärung treu bleiben will. Im Laufe der Darstellung sieht es allerdings manchmal so aus, als würde die Feststellung der Thatsächlichkeit der Erscheinungen zu einem wesentlichen Zweck des Buches; indessen wird dieser Anschein im Sinne der obigen Unterscheidung zu berichtigen sein.

Es sind nun zwei Thatsachenreihen, für welche Herr Aksakow meine Erklärungsversuche unzulänglich findet, erstens die Materialisationen und zweitens die intellektuellen Kundgebungen, welche anscheinend von den Geistern Verstorbener ausgehen. Der ersten Reihe ist der erste Band, der zweiten Reihe der zweite Band gewidmet. Wenn die Berichte zutreffend sind, welche eine objektive Realität der Materialisationserscheinungen und eine physikalische Wirkungsfähigkeit derselben erweisen sollen, so wird die Hallucinationshypothese in Bezug auf diese Erscheinungen unzulänglich und muss durch eine andere Hypothese ersetzt werden; das habe ich bereits in meiner Schrift ausgesprochen (S. 105) und das von Herrn Aksakow gewünschte bedingungsweise geltende Urtheil damit abgegeben. Ich habe nur bestritten, dass die mir bekannten Berichte bis jetzt eine solche Ergänzung der Hallucinationshypothese durch

eine andere rechtfertigten, und die Aufgabe, die sich
Herr Aksakow gestellt hat, würde sich somit dahin
präcisiren lassen, zu zeigen, dass die Berichte, welche
die objektive Realität der Materialisationserscheinungen
beweisen sollen, ein gleiches Maass relativer Glaubwürdigkeit beanspruchen können, wie diejenigen, welche
eine bloss subjektive Idealität der nämlichen Erscheinungen voraussetzen lassen (304).

 · Diese Frage ist ohne Zweifel sehr interessant, aber
Herr Aksakow und ich sind glücklicher Weise darüber
einverstanden, dass diese Frage ein bloss physikalisches
oder physiologisches Interesse hat und zur Begründung
der Geisterhypothese keinerlei Beitrag liefern kann,
gleichviel wie ihre Beantwortung ausfallen mag. Herr
Aksakow findet darin die Unterstützung des Herrn
Hübbe-Schleiden, Herausgebers der Sphinx, und wenn
meine Schrift keine andere Wirkung gehabt hätte, als
die, die Objektivität oder Subjektivität der Phantome
als gleichgültig für die Geisterhypothese erkennen zu
lassen oder doch diese Einsicht zu fördern, so würde
sie nicht vergebens geschrieben sein. Herr Aksakow
räumt ein, dass die Phantome, welche Verstorbenen
ähnlich sind, auch vom Standpunkt der Geisterhypothese keinenfalls die wirklichen Gestalten dieser Geister
sein können, sondern nur zeitweilige Formen, hervorgebracht durch eine Anstrengung der Erinnerung und
des Willens zum speciellen Zweck der Wiedererkennung
(758). Auch als objektive Realität würde die Gestalt
nicht mit dem Geiste, den sie darstellt, zusammenfallen
oder mit ihm identisch sein (745), weder dem Stoffe
nach, der nicht dem Geiste, sondern dem Medium
angehört, noch auch der Form nach, die nicht die
Form des Geistes, sondern die Form seiner früheren Ver-
körperung ist. „Was vom ersten Anfang an sich als
das Einfachste und Zwingendste darstellt, dass wir vor
uns die Erscheinung einer abgeschiedenen Seele haben
— — das würde einen Schluss ziehen heissen, welchen
ein vertieftes und kritisches Studium der Thatsachen
noch nicht rechtfertigt. Ich will mich noch stärker aus-
drücken: je mehr wir Materialisationen haben, desto
mehr weicht diese Hypothese zurück — für mich
wenigstens" (642).

Selbst die Aehnlichkeit der Gestalt mit dem Verstorbenen kann nicht als ein Beweis, sondern höchstens
als eine zur Vervollständigung des Identitätsbeweises dienende Zugabe zu dem Beweis durch den
Vorstellungsinhalt dienen (745—746); diese Zugabe oder
Vervollständigung des Identitätsbeweises stützt sich aber
nur auf die Aehnlichkeit der Erscheinungsform, nicht
auf die Objektivität oder Realität oder gar Materialität
derselben, sondern hat das gleiche Gewicht bei einer
bloss subjektiven wie bei einer objektiven Erscheinung.
Aber selbst als Zugabe ist der Werth der Aehnlichkeit
gerade für den Spiritisten höchst zweifelhaft, weil das
Gebiet der Mystifikation (durch neckische und boshafte
Menschengeister und durch nichtmenschliche Geister der
verschiedensten Ordnungen) dem Spiritisten als uner-
messlich gilt (752—753). Die Geisterhypothese kann
sich deshalb weder auf Formähnlichkeit allein noch auf
Formähnlichkeit in Verbindung mit Materialität stützen,
sondern ausschliesslich auf den Vorstellungsinhalt der
Kundgebungen (S. XXXII, 642).

Der zweite Band ist der Thatsachenreihe gewidmet,
welche eventuell beweisen soll, erstens dass die Leistungsfähigkeit des wachen und sonnambulen Bewusstseins
des Mediums nicht ausreiche, um den intellektuellen
Inhalt der Kundgebungen zu erklären, und zweitens,
dass die hinzukommenden Intelligenzen theilweise mit
den Geistern verstorbener Menschen identificirt werden
können und müssen. Auch ich habe im Nachwort zu
meiner Spiritismusschrift auf den Vorstellungsinhalt der
Kundgebungen als auf den einzig möglichen Anhalts-
punkt für die Vertheidiger der Geisterhypothese hingewiesen, und habe damit das Gebiet präcisirt, auf dem
allein der Streit um die Geisterhypothese geführt werden kann und darf. Diese Erklärung steht durchaus
nicht, wie Herr Aksakow meint (643), im Widerspruch
zu meiner persönlichen Ansicht, welche dahin geht, dass
unter der Voraussetzung eines in räumliche und zeit-
liche Ferne reichenden Hellsehens kein Vorstellungsinhalt denkbar sei, bei dem eine Nachhülfe von Geistern
unerlässlich schiene. Die eine Aeusserung beschränkt
die Diskussion auf ein bestimmtes Gebiet, die andere
stellt meine persönliche Ansicht über das Ergebniss

jeder auf diesem Gebiete geführten und zu führenden Diskussion dar.

Da Herr Aksakow mit mir darin übereinstimmt, dass der Beweis der Geisterhypothese, wenn überhaupt irgendwie, nur durch den intellektuellen Inhalt der mediumistischen Phänomene geliefert werden könne (643), so scheidet damit die Streitfrage über die subjektive Idealität oder Realität der Materialisationen und die Zulänglichkeit oder Unzulänglichkeit der Hallucinationshypothese ganz aus dem Bereiche des Spiritismus im Sinne der Geisterhypothese aus. Das physikalische und physiologische Interesse, welches dieser Frage anhaftet, steht nun in gar keiner Beziehung mehr zu dem Gemüthsinteresse, das die Geisterhypothese zu erregen vermag, und tritt weit hinter dieses Interesse zurück. Man kann an die Fortdauer der Seelen und an die telepathische und telephanische Einwirkung der abgeschiedenen Geister auf diejenigen der Lebenden glauben, also Spiritist sein, ohne an die objektive Realität der erscheinenden Gestalten zu glauben, und man kann umgekehrt an die objektive Realität von Materialisationserscheinungen glauben, ohne ihre Ursache wo anders als im Medium zu suchen, also ohne Spiritist zu sein. Beide Fragen liegen auf getrennten Gebieten, und sind deshalb auch getrennt zu behandeln; die positive oder negative Entscheidung der einen kann kein Präjudiz für die der andern abgeben. Wenn z. B. der erste Band des Herrn Aksakow den Leser von der objektiven Realität der Phantome überzeugen sollte, so würde darin doch nicht der mindeste Grund liegen, der Geisterhypothese gegenüber eine andere Stellung einzunehmen, als wenn der Beweis des ersten Bandes misslungen wäre. Ich werde deshalb den zweiten Band, als den wichtigeren, zuerst betrachten.

Herr Aksakow wünscht die Bezeichnung „Spiritismus" auf solche Erscheinungen zu beschränken, bei denen körperlose Geister als wesentlich Mitwirkende angenommen werden müssen, und diese Einschränkung der Bedeutung ist nur zu loben, da sie sich an den eigentlichen Wortsinn hält. Für die Mehrzahl der Erscheinungen, unter welche grade die gewöhnlichsten gehören, scheint ihm die Annahme einer Mitwirkung von

Geistern neben dem Medium nicht erforderlich (644, 341), und er schlägt für diese die Bezeichnungen Personismus und Animismus vor, je nachdem die Wirkungen innerhalb oder ausserhalb des Mediums zur Erscheinung gelangen. Da sich in der Archäologie, Ethnologie und vergleichenden Religionswissenschaft das Wort Animismus für den Glauben an Ahnenseelen und für den Ahnenkultus bereits eingebürgert hat und hier mit Spiritismus zusammenfällt, so wird es schwer halten, es von dieser ihm anhaftenden Nebenbedeutung wieder zu trennen. Was Herr Aksakow Personismus nennt, dürfte sich häufig genug mit Hypnotismus oder Sonnambulismus decken. Falls der Spiritismus im engeren Sinne eine unberechtigte Hypothese ist, fällt der nach Herrn Aksakow alle drei Gebiete umspannende Mediumismus mit dem Personismus und Animismus des Herrn Aksakow zusammen und kann dann diese Bezeichnungen in geeigneter Weise ersetzen.

Es fragt sich nun, ob genügende Merkmale aufgestellt werden können, um die bloss mediumistischen Erscheinungen von den spiritistischen im engeren Sinne zu unterscheiden und den Nachweis zu führen, dass eine Reihe von Beispielen nicht ohne Mitwirkung von Geistern, durch diese aber auch in befriedigender Weise erklärt werden könne. An dieser Darlegung hängt die Existenzberechtigung des Spiritismus, und es ist deshalb zu verwundern, dass noch niemand bisher sich dieser Aufgabe unterzogen hat, auch solche spiritistische Forscher und Denker nicht, denen ich die Dringlichkeit dieser Leistung für die Behauptung ihres Standpunktes privatim und öffentlich wiederholt an's Herz gelegt hatte, und von denen ich in jeder neuen Veröffentlichung vergebens die Lösung dieser ihnen zunächst liegenden Aufgabe erwartete. Herrn Aksakow gebührt das Verdienst, die Lösung dieser Lebensfrage des Spiritismus zuerst und bis jetzt als der einzige unternommen zu haben.

Herr Aksakow ist gegenwärtig wohl der beste Kenner der modernen spiritistischen Literatur; man darf deshalb annehmen, in seiner wohlgeordneten Zusammenstellung alles Wesentliche berücksichtigt zu finden, was bisher veröffentlicht ist. Sollte sich herausstellen, dass dieses Material der Geisterhypothese keine ausreichende Stütze bietet, so wird man darauf rechnen dürfen, dass diese Hypothese wenigstens vorläufig (d. h. bei dem heutigen Stande der spiritistischen Manifestationèn) unhaltbar ist, und dass dieses Ergebniss durch eine Nachlese von Beispielen, die Herrn Aksakow entgangen sein könnten, ńicht merklich beeinflusst werden würde.

I. Die Geisterhypothese.

I. Die angebliche Unzulänglichkeit des Mediums für die intellektuellen Kundgebungen.

Herr Aksakow macht zwei Gruppen von Erscheinungen dafür geltend, dass die intellektuelle Ursache von gewissen Kundgebungen nicht im wachen oder sonnambulen Bewusstsein des Mediums selbst gesucht werden dürfe: erstens einen gewissen Gegensatz zwischen dem Inhalt der Kundgebungen einerseits und dem Willen, den Ueberzeugungen, den Gefühlen und dem Charakter des Mediums andrerseits (347—405) und zweitens eine Ueberlegenheit des Kundgebungsinhalts über die Leistungsfähigkeit, Erkenntnissfähigkeit und Bildungsstufe des Mediums (405—551).

a. Die Gegensätzlichkeit des Kundgebungsinhalts gegen die Medien.

Was zunächst den Gegensatz des Kundgebungsinhalts gegen den Willen, die Ueberzeugungen, die Gefühle und den Charakter des Mediums betrifft, so ist zu unterscheiden zwischen drei Arten von Gegensätzen, erstens solchen, die innerhalb des wachen Bewusstseins Platz finden, zweitens solchen, deren Glieder sich auf das wache und sonnambule Bewusstsein vertheilen, und drittens solchen, die innerhalb des sonnambulen Bewusstseins sich abspielen. Herr Aksakow hält den menschlichen Geist für einheitlicher und gegensatzloser als er ist. Welche Kämpfe zwischen einander widerstreitenden Ueberzeugungen, Gefühlen, Wünschen und Bestrebungen zeigt uns allein das wache Bewusstsein! Und wie oft täuschen wir uns über den vorläufigen Austrag solcher Kämpfe, indem wir nur die Oberströmungen beobachten und das geheime Wirken und Wachsen der Unterströmungen unbeachtet lassen, bis sie an einem entscheidenden Wendepunkte zu unserer eigenen Ueberraschung hervorbrechen, und uns zeigen, dass wir ein anderer sind in unserm Meinen und Wünschen als wir eigentlich gedacht haben! Solche Unterströmungen von oberflächlich zurückgedrängten Ueberzeugungen, Hoffnungen, Befürchtungen, Wünschen und Charakterzügen können dann autosuggestiv auf das sonnambule Bewusstsein einwirken und einen Vorstellungsinhalt der Kundgebungen zu Tage fördern, der uns ebenso überraschend kommt,*) wie es manchmal unsre Entschlüsse bei entscheidenden Handlungen sind.

Woher solche Unterströmungen im Geiste stammen, ist oft ganz unkontrolirbar; nicht immer sind es zurückgedrängte Resultanten früherer Entwickelungsphasen, die bei gelegener Zeit von Neuem ihr Recht verlangen; oft sind es auch Vorstufen einer neuen Entwickelungsphase des individuellen Lebens, die allmählich eine Umwälzung vorbereiten. Es krystallisirt im Geiste unter der Oberfläche immer neuer Stoff an, bis endlich die Krystalle über die Oberfläche des Bewusstseins hervorwachsen. Mitunter gehen solche geistige Umwälzungen mit organischen Veränderungen (z. B. dem Erwachen und Erlöschen der Geschlechtsfunktionen) Hand in Hand und gleichen ihnen in der Allmählichkeit der unbemerkten Vorbereitung; oft aber sind sie auch anscheinend unabhängig von solchen. Nicht selten handelt es sich um einen Kampf zwischen Natur und Dressur, wo die natürliche Anlage die anerzogenen und durch die Umgebung aufgedrängten Ansichten durchbricht. Oft aber ist es auch der Hang zum Aberglauben, der aus Scham vor der öffentlichen Meinung einer aufgeklärten Zeit sich in allerlei Schlupfwinkel verkrochen hat und bei passender Gelegenheit sich unwillkürlich verräth oder Trotz bietend hervortritt. Steckt doch selbst in dem aufgeklärtesten Menschen ein solcher atavistischer Hang zum Aberglauben, der allem seinem sonstigen Denken und Meinen widerspricht.

---

*) Ein gutes Beispiel hierfür liefert Herr Aksakow S. 374—377 in Bezug auf die theologischen Ueberzeugungskämpfe eines Frommen.

Je weiter sich diese Unterströmungen von dem
wachen Bewusstsein entfernen, d. h. je schwerer sie von
diesem bei ausdrücklich auf sie gerichteter Aufmerksamkeit zu erfassen sind, desto mehr nähern sie sich
der Sphäre des sonnambulen Bewusstseins und gehen
zuletzt ganz in dieselbe über. Waches und sonnambules Bewusstsein stehen beim gesunden Menschen in
einer ähnlichen Harmonie, wie alle Glieder des gesunden Organismus; aber diese Harmonie schliesst Gegen-
sätze nicht aus, sondern ein. Tritt nun eine Decentralisation oder gar Desorganisation im Nervensystem
ein, so wird das einheitliche Band der Harmonie ge-
schwächt und die von ihm sonst gebundenen Gegen-
sätze entfesselt. Da aber immerhin beide Theile Glieder desselben Individuums bleiben, so kann auch der
entfesselte Gegensatz kein absoluter werden, der jede
Uebereinstimmung ausschlösse. Allerdings verliert der
Wille des wachen Bewusstseins seine unmittelbare Macht
und seine reflexhemmende Kraft über die mittleren
Hirntheile; aber seine gefühlsmässigen Interessen, die
mit dem Mittelhirn enger verwachsen sind als der abstrakte reflektirte Wille, und die aus ihnen entspring-
genden, theils bewussten, theils unbewussten oder halb-
bewussten Wünsche fahren fort, das sonnambule Bewusstsein zu beeinflussen, d. h. ihm in bewusster oder
unbewusster Weise Autosuggestionen zu ertheilen.
    Wie ein Individuum durch wiederholte Hypnotisi-
rung zur willigen Aufnahme von Fremdsuggestionen
und zur Unterdrückung aller etwaigen autosuggestiven
Velleitäten erzogen werden kann, so auch kann ein
Individuum sich selbst zur Fernhaltung und Abwehr
von Fremdsuggestionen und zur immer pünktlicheren
Befolgung von Autosuggestionen erziehen, und kann
darin indirekt von Anderen unterstützt werden. Das
erste ist die hypnotische, das zweite die mediumistische
Erziehung oder die Entwickelung der mediumistischen
Anlagen. Die grösste Rolle spielt beim Mediumismus
die unbestimmte Suggestion, d. h. der Wunsch, dass
etwas vom sonnambulen Bewusstsein ausgeführt werden
soll, was den Zuschauern wunderbar erscheint, gleichviel was. Die unbestimmte Autosuggestion kann auf
einen immer engeren und engeren Kreis begrenzt

werden, so z. B. bei Sitzungen, in denen Materialisationen oder fernwirkende Schrift oder Erscheinungen aus bestimmten anderen Gebieten gewünscht und erwartet werden. Immer wird aber ein gewisser Spielraum gelassen werden müssen, weil das sonnambule Bewusstsein nur beeinflusst, nicht kommandirt werden kann, und das Eintreten genau vorher bestellter Erscheinungen erregt stets den Verdacht der Täuschung.

Nur bei wenigen Medien ist die Erziehung zur Autosuggestion so vorgerückt, dass nicht ganz unerwartete Zwischenfälle und Seitensprünge des sonnambulen Bewussteins eintreten. Das Krankhafte der nervösen Decentralisation bekundet sich oft genug auch in körperlichen Krankheitserscheinungen, wie Krämpfen u. dgl. Da ist es denn kein Wunder, wenn das von der Herrschaft des wachen Bewusstseins emancipirte sonnambule Bewusstsein auch bestrebt ist, seine Eigenart zur Geltung zu bringen. Stimmen die suggestiven Wünsche des wachen Bewusstseins mit seinen eigenen überein, so ist es um so besser; wo nicht, trotzt es allen Versuchen der Autosuggestion, wie so viele Hypnotisirte jedem Versuch einer Fremdsuggestion Widerstand leisten. Auch bei dem künstlichen Sonnambulismus sieht man oft genug, dass der Charakter, das Temperament, die Gefühlsweise und die Ueberzeugungen des sonnambulen Bewusstseins mehr oder weniger von denen des wachen abweichen und zu ihm in Gegensatz treten; bald zeigt das eine, bald das andere die edlere und bessere Seite der Gesammtindividualität. Man weiss, wie missachtend und wegwerfend bisweilen die sonnambule Persönlichkeit sich über das Wesen der mit ihr verbundenen wachen äussert; andererseits kommen aber auch hässliche Charakterzüge und schlechte Neigungen im sonnambulen Bewusstsein offen zum Vorschein, die im wachen Bewusstsein unterdrückt oder verschleiert sind.

Der vorhandene Gegensatz wird durch die dramatische Spaltung und die symbolische Personifikationstendenz des sonnambulen Bewusstseins zum Antagonismus zweier in demselben Individuum aneinandergekoppelter Persönlichkeiten aufgebläht. Ist der Charakter des sonnambulen Bewusstseins der edlere, so mag

daraus eine Tendenz der mediumistischen Kundgebungen auf Veredelung, sittliche Erziehung und religiöse
Erhebung des wachen Bewusstseins entspringen. Enthüllt aber das sonnambule Bewusstsein einen boshaften
oder neckischen, eigensinnigen, tückischen, grausam-
keitslüsternen Charakter, so werden alle diese Züge
sich gegen die antagonistische Persönlichkeit kehren,
und die Kundgebungen werden sich zur Neckerei,
Chicane, Quälerei und Verfolgung gestalten müssen.
Selbst Hysterische, die nicht Medien sind, zeigen oft
den krankhaften Hang, sich selbst zu quälen und sich
Schmerzen, ja sogar körperliche Gefahren zu bereiten,
obwohl es dasselbe Bewusstsein ist, welches den Scha-
den leidet und sich zufügt. Wie sollte da die nämliche
Erscheinung bei der Vertheilung des Leidenden und
des Handelnden auf zwei Bewusstseine in demselben
Individuum Wunder nehmen! Stellt sich bei einem
nervös zerrütteten Menschen Verfolgungswahn ein, so
kann dieser Wahn bei irgend welcher, wenn auch bisher latenter mediumistischer Anlage als autosuggestiver
Anreiz auf das sonnambule Bewusstsein wirken und es
zur Produktion physikalischer Kundgebungen erregen,
die von dem wachen Bewusstsein des Kranken als
spukhafte Verfolgung durch übelwollende Geister gedeutet werden müssen (S. 366—373).

Das wache Bewusstsein scheint keinerlei ungewöhnliche Wirkungen hervorbringen zu können ohne Hülfe
des sonnambulen Bewusstseins; das sonnambule Bewusstsein dagegen bringt solche Erscheinungen hervor
ohne Hülfe des wachen Bewusstseins, und am besten,
wenn es von diesem gar nicht gestört wird, d. h. wenn
dasselbe unterdrückt ist. Wo das wache Bewusstsein
ungewöhnliche Erscheinungen hervorzubringen scheint
(z. B. Vorstellungsübertragung), da wird man wahrscheinlich annehmen müssen, dass durch die innere
Koncentration des Willens auf eine Vorstellung diese
zunächst dem sonnambulen Bewusstsein imprägnirt, und
dann erst aus dem sonnambulen Bewusstsein des einen
Menschen in das des anderen übertragen wird. Wem
die Fähigkeit fehlt, durch Koncentration des Willens
auf eine Vorstellung zunächst sein eigenes sonnambules
Bewusstsein zu afficiren und in Mitleidenschaft zu ziehen,

der wird auch bei Versuchen zur Vorstellungsübertragung immer nur negative Ergebnisse erzielen.

Jedenfalls kann es nicht als erwiesen gelten, dass
das wache Bewusstsein unmittelbar und ohne Vermittelung des darunterliegenden sonnambulen Bewusstseins Vorstellungsübertragung bewirken könne, wie
Herr Aksakow anzunehmen scheint (576, 580).

In noch höherem Maasse gilt dies für Einwirkungen
auf die vegetative Sphäre des eigenen Organismus,
z. B. das Hervorrufen von Katalepsie in einem Gliede,
oder von Röthe oder Blasenbildung auf einer bestimmten Hautstelle. Es ist hier offenbar die Autosuggestion
das einzige, was dem wachen Bewusstsein offen steht;
ob aber das sonnambule Bewusstsein die Suggestion
annimmt und ausführt, hängt von ihm ab. Bei den
physikalischen Erscheinungen mediumistischer Art
scheint bis jetzt die Selbsterziehung der Medien zur
Ausführung von Autosuggestionen noch nicht über
eine mehr oder weniger unbestimmte Suggestion mit
engerem oder weiterem Spielraum der Ausführung
hinausgelangt zu sein. Wenigstens giebt Herr Aksakow
an, dass noch kein Medium Klopflaute nach Willkür er-
zeugt habe (463), woraus zu schliessen wäre, dass alle
willkürlich erzeugten Klopflaute unechte Imitationen sind.

Wenn das Medium im sonnambulen Zustand Aufschluss ertheilt über frühere eigene Leistungen, so ist
damit bewiesen, dass sein sonnambules Gedächtniss
diese Leistungen umspannt, also bei ihnen irgendwie
betheiligt war. Herr Aksakow glaubt diesen Satz um-
kehren und folgern zu dürfen, dass das sonnambule
Bewusstsein des Mediums bei einer Leistung n i c h t
betheiligt gewesen sei, wenn das Medium im sonnambulen Zustand keine genaue Auskunft über dieselbe
geben kann (448—450). Diese Umkehrung ist logisch
unzulässig. Das Medium im sonnambulen Zustand kann
entweder nicht antworten wollen, oder physisch ausser
Stande sein, seine Sprachwerkzeuge zum Sprechen in
Bewegung zu setzen,*) oder durch andere Vorstellungen
so präockupirt sein, dass es sich nicht auf das Ge-

---

*) Dies lag offenbar in dem Beispiel auf S. 450 vor, wie Zeile 1
erkennen lässt.

wünschte erinnern kann, oder so zerstreut und lethar-
gisch benommen sein, dass ihm das sonnambule Gedächtniss versagt, oder es kann in einer Weise befragt
werden, welche gerade von seinen bezüglichen Ge-
dächtnissassociationen keine einzige auslöst, oder es kann
aus irgend welchem Grunde während der früheren
Leistung mit seinem sonnambulen Bewusstsein zerstreut
gewesen sein und sich dieselbe nicht fest genug in's
Gedächtniss eingeprägt haben, um sich ihrer wieder zu
erinnern, oder es kann endlich der sonnambule Zustand
während der Leistung verschieden von dem sonnambulen Zustand während der Befragung gewesen sein.
Dagegen würde die Konkurrenz einer Fremdsuggestion
(komme sie nun von Seite eines Menschen oder Geistes)
mit Autosuggestionen nicht hindern, dass der Inhalt
dieser Fremdsuggestion vom sonnambulen Bewusstsein
aufgenommen und im Gedächtniss bewahrt werde, da
sie nur dann ausgeführt werden kann, wenn sie vom
sonnambulen Bewusstsein aufgenommen ist.

Aus der späteren Erinnerung des sonnambulen Bewusstseins an eine frühere Leistung würde sich also
niemals feststellen lassen, ob der Impuls zu derselben
durch eine Fremdsuggestion (von anderen Menschen
oder Geistern) oder durch eine Autosuggestion aus
einer andern Sphäre der eigenen Individualität, oder
durch einen zufälligen organischen Reiz in den das sonnambule Bewusstsein tragenden Hirntheilen, oder durch
eine spontane Laune oder zufällige Vorstellungsassocia-
tion des sonnambulen Bewusstseins ertheilt worden
ist. Die Auswahl unter diesen Möglichkeiten ist aber
reich genug, um auf die Fremdsuggestion körperloser
Geister verzichten zu können (vgl. 450—452). Die
Launen, Einfälle, plötzlichen Gedankensprünge, Unterbrechungen (vgl. 454), Mucken, eigensinnigen Capricen
und Capriolen des sonnambulen Bewusstseins, das den
Zügel des wachen Bewusstseins hinter die Zähne genommen hat, sind ebenso unberechenbar wie die einer
Hysterischen, und sein Eigensinn im Verfolgen des
einmal aufgegriffenen Einfalls nicht geringer. Das
schliesst nicht aus, dass auf gewissen Strecken des gedanklichen Fortschreitens auch das sonnambule Bewusstsein einen klugen Verstand und gewandte Kom-

binationen bethätigt, genau in demselben Sinne, wie
man das oft bei Irrsinnigen beobachten kann, wenn
man auf ihre Voraussetzungen eingeht, oder wie es
auch im Traume streckenweise ganz vernünftig zugeht,
bis der Unsinn wieder dazwischen fährt.

Anders stellt sich die Sache, wenn nicht der dem
sonnambulen Bewusstsein eigenthümliche Charakter als
solcher zu Tage tritt, sondern die Rolle einer andern
Person gespielt wird. Es ist bekannt, wie bereitwillig
Hypnotisirte auf die Fremdsuggestion eingehen, eine
andre Person (z. B. Napoleon, ein kleines Kind, ein
alter Schulmeister u. s. w.) zu sein, mit welcher Virtuo-
sität sie sich in den Vorstellungs- und Gefühlskreis
einer solchen Person versetzen und mit welcher zähen
Konsequenz sie einen solchen fingirten Personenwechsel
gegen alle Versuche der Störung und Ueberrumpelung
festhalten. Ein solcher Personenwechsel im sonnambulen Bewusstsein kann nun aber bei einem auf Autosuggestionen geschulten Medium auch durch willkürliche oder unwillkürliche Eingebung des wachen Bewusstseins stattfinden, und nicht minder kann er aus
spontaner Laune des sonnambulen Bewusstseins entspringen. Den nächsten Anlass dazu bietet der Umstand, dass das sonnambule Bewusstsein bei gestörter
Centralisation des Organismus sich als eine andre Person dem wachen Bewusstsein gegenüberstellt, und zur
Bezeichnung seines Andersseins auch einen anderen
Personennamen aufsucht und auf sich anwendet. Hiermit ist der Grund zum unbestimmten Personenwechsel
gegeben, und es fragt sich nur, woher die nähere
Bestimmung der Persönlichkeit kommt.

Diese Frage gleicht vollständig jener andern, woher
die nähere Bestimmung einer fixen Idee oder einer
Wahnvorstellung kommt, wenn einmal die krankhafte
Disposition und die Nöthigung zur Bildung irgend
welcher fixen Ideen oder Wahnvorstellungen gegeben
ist. In beiden Lagen sind es zufällige äussere Anlässe,
oder zufällige Reizungen an bestimmten Stellen des
Centralorgans, oder zufällige Vorstellungsassociationen,
die den Anstoss zur Fixirung einer genauen Bestimmung geben, hier für die anzunehmende Persönlichkeit,
dort für die anzunehmende Wahnvorstellung. Bald ist

es ein Schutzgeist oder Schutzengel, bald ein böser
Dämon, bald eine berühmte historische Persönlichkeit,
bald ein Geschöpf der frei schaltenden Traumphantasie,
in welche das sonnambule Bewusstsein sich verkleidet.
Jede einmal angenommene Rolle führt es mit einer
gewissen vernünftigen Konsequenz sowohl in Bezug
auf Charakter und Denkweise wie in Bezug auf Ma-
nieren und Gewohnheiten durch. Aber zu verschiedenen
Zeiten und unter dem Einfluss verschiedener Anlässe,
Associationen und suggestiver Interessen verkleidet es
sich in verschiedene Personen, deren einige mehr, die
anderen weniger Zähigkeit in der Wiederkehr haben. Verkehrt das sonnambule Individuum in seinen sonnambulen Zuständen dauernd mit den gleichen Zuschauern,
so knüpft es auch wohl persönliche Verhältnisse zu
denselben an im Charakter der fingirten Persönlichkeiten.
Die Laune des sonnambulen Bewusstseins, oder ein
Wechsel in den pathologischen Zuständen des Nervensystems oder eine Aenderung in der Tiefe und sonstigen Beschaffenheit der sonnambulen Zustände kann
leicht dazu führen, eine lange Zeit hindurch benutzte
Persönlichkeit oder Maske endlich bei Seite zu schieben,
und das Vorgefühl dieses Wechsels in der Verkleidung
des sonnambulen Bewusstseins in Verbindung mit der
zwischen ihr und den Zuschauern angeknüpften Ge-
müthsverhältnisse kann das Medium leicht dazu führen,
dieser ausgedienten Figur einen sentimentalen Abgang
im Charakter der Rolle zu bereiten.

Die dramatische Wandlungs- und Spaltungsfähig-
keit des sonnambulen Bewusstseins ist aber damit
keineswegs erschöpft. Die Figuren, welche zuerst getrennt in verschiedenen Krisen auftreten, können auch
innerhalb derselben Krise mit einander abwechseln, indem die eine sich empfiehlt und die andre auf die Bühne
des sonnambulen Traumbewusstseins tritt. Wie der
Irrsinnige bald hier bald dort Stimmen hört, die in verschiedenem Charakter auf ihn einreden, so können auch
die Einflüsse, welche im sonnambulen Zustande die
Glieder und Sprachwerkzeuge beherrschen, in kapriciöser
Weise sich ablösen und durchkreuzen. Wie wir im
Traume uns in verschiedene Traumfiguren spalten und
doch die Reden einer jeden derselben unbewusst aus

unseren eigenen Geistesmitteln beschaffen, so kann auch das sonnambule Bewusstsein sich in mehrere Traumfiguren spalten, die alle ihre Kundgebungen aus den Mitteln dieses einen Bewusstseins unbewusst besteiten, von denen aber in der Regel nur eine als der jeweilige Träger des sonnambulen Traum-Ich erscheint.

In dieses spontane Phantasiegespinnst des sonnambulen Traumbewusstseins greifen nun auch andere Einflüsse theils modificirend theils unterbrechend und neu anhebend ein, nämlich erstens die Autosuggestionen und zweitens die telepathischen Eindrücke. Fremdsuggestionen im gewöhnlichen Sinne werden nur bei unerzogenen Medien konkurrirend eingreifen können, weil ausgebildete Medien sich gegen solche gefestigt und verhärtet haben. Die etwaigen Wünsche der Anwesenden werden bei der Einkleidung in Worte vom sonnambulen Medium entweder wegen mangelnden Rapports gar nicht gehört, oder von seinem neben dem sonnambulen fortbestehenden wachen Bewusstsein aufgefasst, geprüft und je nach Befund zurückgewiesen oder in eigne Wünsche von autosuggestiver Wirkung umgewandelt. Eine gewisse autosuggestive Leitung des sonnambulen Traumverlaufs und der mit ihm verknüpften Bethätigungen pflegt sich das fortdauernde wache Bewusstsein des Mediums zu bewahren zum Zweck eines zufriedenstellenden Verlaufs der Sitzung, und je ausgebildeter das Medium ist, desto mehr wird es mit seinem wachen Bewusstsein über das sonnambule autosuggestiv herrschen, ohne ihm den nöthigen Spielraum zur selbstthätigen Entfaltung durch allzu bestimmte Autosuggestionen zu verkümmern. Wo das wache Bewusstsein suspendirt oder zu tief deprimirt ist, um während der Bethätigung des sonnambulen Bewusstseins autosuggestive Direktive zu ertheilen, da muss die Autosuggestion bei Beginn der Sitzung das Nöthige thun, d. h. den allgemeinen Zweck der Sitzung, ihre Dauer u. s. w. vorzeichnen. Dass dies möglich ist, beweisen die Versuche mit Fremdsuggestionen, nach denen die Dauer des sonnambulen Zustandes und der allgemeine Inhalt und Verlauf des Traumes auf einmal in Bausch und Bogen vorgeschrieben werden kann. Auch die Autosuggestion des Aufwachens aus dem gewöhnlichen Schlaf zu bestimmter Zeit gewährt eine erläuternde Analogie.

Die allgemeine Autosuggestion eines zur Sitzung sich anschickenden Mediums schliesst auch den geistigen Rapport mit den Cirkelsitzern ein. So wenig das somnambule Bewusstsein des Mediums unmittelbar von den Reden der Anwesenden berührt wird, so stark ist seine Aufmerksamkeit auf Empfindungs- und Vorstellungseindrücke gespannt, und darum geeignet, unausgesprochene Wünsche derselben wie Fremdsuggestionen zu berücksichtigen, auf unausgesprochene Fragen Antworten zu ertheilen und ihre Phantasiebilder von Angehörigen u. s. w. in sich zu rekonstruiren. Der Grad des Rapports für diese geistige Aufnahmefähigkeit wird in Bezug auf verschiedene Anwesende verschieden sein, je nach der Sympathie oder Antipathie, die sie dem Medium einflössen.

Die allgemeine unbestimmte Autosuggestion zur Aufmerksamkeit des sonnambulen Bewusstseins auf etwaige Einflüsse der Vorstellungsübertragung kann auch über den Kreis der Anwesenden hinaus hinausgreifen und zu Unterbrechungen des spontanen Traumverlaufs durch telepathische Einflüsse abwesender und entfernter Personen führen, insbesondere wenn dieselben gleichzeitig ihre Phantasie und ihren Willen auf die Cirkelsitzung und deren Medium richten, oder gar den Willen der Uebertragung von Vorstellungen haben. Unter welchen Bedingungen ein Rapport zwischen Entfernten möglich ist oder nicht, ist noch nicht genügend aufgeklärt, um positive oder negative Behauptungen darüber aufzustellen. Jedenfalls kann durch telepathischen Einfluss die Aufmerksamkeit des sonnambulen Bewusstseins zeitweilig so in Anspruch genommen werden, dass der Personenwechsel desselben für die Dauer dieses Einflusses bei Seite geschoben, beziehungsweise das jeweilige Traum-Ich durch eine dem telepathischen Einfluss entsprechende Traumfigur vorübergehend ersetzt wird, bis mit dem Aufhören des telepathischen Einflusses der unterbrochene Traum sich weiterspinnt, oder auch neu anhebt (546—548, 454, 646).

Der Sonnambulismus unterscheidet sich dadurch vom Traumbewusstsein des gewöhnlichen Schlafes, erstens dass im ersteren das Traumbewusstsein die Herrschaft über den Organismus und seine willkürlichen Muskeln (indirekt wohl auch über die unwillkürlichen Muskeln und Gewebe) hat, d. h. dass er ein mit Traumhandlungen verbundener Traum ist, und zweitens, dass er den Sinneseindrücken des Organismus insoweit zugänglich ist, als Rapport besteht. Ein natürlicher Schlaf, der Traumhandlungen und Sinneswahrnehmungen zeigt, ist schon Uebergangsstufe zum Sonnambulismus, wenn er nicht Uebergangszustand zwischen Schlaf und Wachen ist. Im Sonnambulismus herrscht das sonnambule Bewusstsein allein über den Organismus, wenn das wache ganz unterdrückt ist; es muss sich mit dem letzteren in die Herrschaft über den Körper theilen, wenn dasselbe neben ihm fortbesteht. Diese Theilung kann in verschiedener Weise vollzogen sein, nämlich als Gebietsscheidung, oder als Konkurrenz auf gleichem Gebiet, oder als Mischung beider Theilungsarten.

Eine halbseitig gelähmte Hysterische nimmt die Tastempfindungen ihrer nicht gelähmten Körperhälfte in's wache Bewusstsein, die der nicht gelähmten nur in's sonnambule Bewusstsein auf (wie z. B. die Uebertragung solcher relativ unbewusster Tasteindrücke in bewusste Gesichtseindrücke beweist); sie beherrscht die nicht gelähmte Seite mit dem Willen des wachen Bewusstseins, die gelähmte mit dem des sonnambulen Bewusstseins (wie die unwillkürlichen und unbewussten Koordinationsbewegungen der gelähmten Glieder beweisen, welche durch unempfundene Tastreize ausgelöst werden können, z. B. Schneide- und Schreibbewegungen mit unversehens in die Hand geschobener Scheere oder Bleifeder). In dasselbe Verhältniss zum wachen und sonnambulen Bewusstsein wie der gelähmte Arm einer Hysterischen kann jedes Glied eines Gesunden durch lokale hypnotische Katalepsie versetzt werden. In dieser Weise kann das sonnambule Bewusstsein über die schreibende Hand des kataleptischen Armes herrschen, von deren Schreiben das wache Bewusstsein nichts weiss noch fühlt, während gleichzeitig das wache Bewusstsein Herr der oberen Sinne und der Sprachwerkzeuge bleibt, also mit den Anwesenden eine Unterhaltung führen kann. Es kann auch die linke Hand vom sonnambulen Bewusstsein beherrscht schreiben, während die rechte Hand vom wachen Bewusstsein beherrscht schreibt. Oder es kann das sonnambule Bewusstsein vermittelst Klopflaute Botschaften buchstabiren, während das wache Bewusstsein mit der Hand schreibt und mit dem Munde spricht und jene Klopflaute zwar hört aber nicht versteht.

Die Konkurrenz des wachen und sonnambulen Bewusstseins um dasselbe Herrschaftsgebiet im Organismus wird sich als ein unsicheres Schwanken in den betreffenden Bewegungen darstellen, als ein Ringen zweier sich kreuzender Einflüsse mit einander, in dem bald der eine, bald der andere überwiegt, oder beide sich abwechselnd verdrängen. Diese Konkurrenz ist natürlich für mediumistische Leistungen störend, und deshalb muss die mediumistische Erziehung darauf gerichtet sein, sie durch Gebietsscheidung zu ersetzen.

Wenn das wache und sonnambule Bewusstsein nebeneinander bestehen, und insbesondere das wache Bewusstsein die Herrschaft über Auge, Ohr und Sprachwerkzeuge behauptet, so macht das Medium bei oberflächlicher Betrachtung den Eindruck, als befinde es sich im normalen Zustande. Dies ist aber bloss Schein. Das Nebeneinanderbestehen von wachem und sonnambulem Bewusstsein mit Gebietsscheidung für die Herrschaft beider ist eben kein normaler Zustand. Weil der Sonnambulismus sich hier hinter der Maske des normalen Zustandes versteckt, habe ich ihn larvirten Sonnambulismus genannt (nach Analogie von larvirter Epilepsie oder larvirtem Wechselfieber). Die Uebergangs- und Misch-Zustände zwischen sonnambulem und wachem Zustand, welche beim Erscheinen meiner Schrift noch gar nicht beachtet waren, haben seitdem namentlich in Frankreich ein genaueres Studium gefunden, doch steht die Kenntniss derselben noch immer in ihren Anfängen.

Eine posthypnotische Fremdsuggestion kann z. B. ausgeführt werden entweder in völlig wachem Zustande, oder im Zustande eines larvirten Sonnambulismus oder in Zustande eines reinen, ad hoc wieder auftretenden und nach der That wieder verschwindenden Sonnambulismus, oder ihre Ausführung kann bloss geträumt und im Gedächtniss behalten und nach dem Erwachen als wirklich vollbracht behauptet werden. Innerhalb des larvirten Sonnambulismus sind wiederum unendlich viele Uebergänge zwischen beiden Extremen möglich, und verschiedene Individuen zeigen wieder ganz verschiedene Typen solcher Mischzustände. Darin aber sind alle einig, die sich mit solchen Versuchen eingehender beschäftigt haben, dass in allen diesen Mischzuständen auch das wache Bewusstsein alterirt und nicht als normal zu betrachten ist, und dass diese Alteration auch physiognomisch an feinen, oft unmerklichen, individuell verschiedenen Kennzeichen (einer gewissen Starrheit des Ausdrucks und Veränderung des Blicks) zu erkennen ist.

Die gesammte Innervationsenergie des Centralnervensystems ist eben keine beliebig zu verändernde Grösse, sondern schwankt in verhältnissmässig engen Grenzen, ähnlich wie die Bluttemperatur der Warmblüter. Je mehr das sonnambule Bewusstsein von dieser jeweilig verfügbaren Gesammtenergie an sich zieht, desto mehr muss das wache Bewusstsein verlieren und umgekehrt. Ein sonst gesunder Mensch, der eine Hallucination·hat, gilt in diesem Augenblicke dem Gerichtsarzt als nicht in normalem Zustand befindlich, weil das sonnambule Bewusstsein mit dieser Hallucination die Schwelle überschritten und in Folge dessen dem wachen Bewusstsein einen entsprechenden Theil seiner normalen Energie entzogen hat. In noch viel höherem Grade ist das der Fall, wenn das sonnambule Bewusstsein die Herrschaft über einen Theil der willkürlichen Körpermuskeln an sich genommen hat und mit ihnen intellektuellen Zwecken dient, von denen das wache Bewusstsein nichts weiss. Im Interesse der Medien liegt es natürlich, dass sie so lange als möglich den Anwesenden als im normalen Zustande befindlich erscheinen, weil dann der Schluss auf Geisterwirkung um so näher zu liegen scheint. Die zahlreichen Berichte, welche bezeugen und als wichtig hervorheben, dass das Medium sich während der wunderbaren Manifestationen im normalen Zustande befunden habe (z. B. 373, 393, 516, 547, 703, 709—710), zeigen, bis zu welchem Grade sie ihren Zweck erreicht haben.

Und in der That gehört ein höherer Grad mediumistischer Anlage oder Ausbildung dazu, um dieselbe
Leistung im larvirten Sonnambulismus (d. h. mit einem
Theil der gesammten Innervationsenergie), als sie bei
Unterdrückung des wachen Bewusstseins zu vollbringen
(wo die ganze Innervationsenergie in das sonnambule
Bewusstsein übergegangen ist). Deshalb pflegen auch
schwerere Leistungen zuerst nur im bewusstlosen Zustand erzielt zu werden, und erst allmählich gelingt es
bei fortschreitender Ausbildung des Mediums, sie auch
im larvirten Sonnambulismus zu vollbringen. (Dies gilt
nach Herrn Aksakow auch für die sogenannten Materialisationen, von denen ich angenommen hatte, dass sie
bisher nur im bewusstlosen Zustande beobachtet seien.)
Die Beobachter aber, welche den Medien bezeugen,
dass sie sich bei ihren Leistungen „im normalen Zustande" befunden haben, ·beweisen damit nur, dass sie
auf die feineren Unterschiede im physiognomischen
Ausdruck, im Tonfall der Rede und in der Gedanken-
verknüpfung noch nicht geachtet haben, oder aber dass
sie die Grenzen des „normalen Zustandes" wegen Unkenntniss des larvirten Sonnambulismus viel zu weit
gezogen haben. Es sind deshalb auch alle auf solche
Bescheinigung des normalen Zustandes gebauten Schlüsse
hinfällig.

Wenn nun das sonnambule Bewusstsein den Organismus soweit beherrscht, um vermittelst desselben
intellektuelle Kundgebungen hervorzubringen, so muss
der geistige Inhalt dieser Kundgebungen alle die Gegen-
sätze, Mannichfaltigkeiten und Wandelungen wider-
spiegeln, die wir in dem Inhalt des sonnambulen Bewusstseins selbst gefunden haben. Das Sprunghafte,
Launenhafte und Unberechenbare, das dem sonnambulen Bewusstsein und seinen Träumen anhaftet, muss
sich auch in den sprachlichen Mittheilungen derselben
zeigen ebenso wie die streckenweise Konsequenz in dem
Festhalten einmal angenommener Charaktere und an-
geknüpfter Gedankengänge.

Wie eine Gebietstheilung in der Körperbeherr-
schung zwischen dem sonnambulen und wachen
Bewusstsein überhaupt stattfindet, so kann bei fortschreitender Decentralisation und Desorganisation des

Nervensystems auch eine ähnliche Scheidung zwischen verschiedenen Associationskomplexen des sonnambulen Bewusstseins eintreten, die als dramatisch gespaltene und personificirte ebenso zu einander in Gegensatz treten können, wie das sonnambule Bewusstsein zum wachen. Niemand würde etwas Wunderbares daran finden, wenn er träumte, dass mehrere Traumfiguren gleichzeitig auf ihn einredeten, ihn tadelten und ihm Vorwürfe machten; und doch wären es nur seine eigenen Gedanken, die er diesen dramatisch von sich abgespaltenen Figuren unbewusst in den Mund legte, um sie als Traum-Ich mit Erstaunen, Ueberraschung, Beschämung und Verdruss anzuhören.

Es ist ferner bekannt, dass sowohl bei Irren wie bei Sonnambulen bisweilen ein mehr als doppeltes, ein dreifaches ja vierfaches Bewusstsein abwechselnd Platz greifen kann, und dass es innerhalb des sonnambulen Bewusstseins verschiedene übereinandergelagerte Schichten (gewöhnlicher Sonnambulismus und Hochschlaf oder Tiefschlaf) giebt, die sich zu einander ähnlich verhalten wie das wache und sonnambule Bewusstsein. Wie das sonnambule Bewusstsein zwar den Handlungen des wachen Bewusstseins assistirt und sie in seinem Gedächtniss aufbewahrt, aber nicht umgekehrt, so umspannt auch ein sonnambules Bewusstsein zweiten Grades oder tieferer Schicht mit seiner Erinnerung die Handlungen des sonnambulen Bewusstseins ersten Grades oder höherer Schicht, aber nicht umgekehrt. Wie unwillkürliche Handlungen, die dem wachen Bewusstsein unbewusst bleiben, für das sonnambule Bewusstsein bewusste Handlungen sein können, so können auch unwillkürliche im sonnambulen Zustand ersten Grades vollzogene Handlungen für das sonnambule Bewusstsein ersten Grades unbewusst bleiben, für das sonnambule Bewusstsein zweiten Grades aber bewusst werden und Gegenstand der Erinnerung sein. Insbesondre scheint das sonnambule Bewusstsein zweiten Grades der Bewegung der längsgestreiften Muskelfasern und den vegetativen Funktionen des Organismus näher zu stehen und deshalb auch mehr und unmittelbarer zu ihrer Beeinflussung befähigt zu sein als das sonnambule Bewusstsein ersten Grades, das vielleicht auf diese organischen Funktionen erst mittelbar, d. h. durch Autosuggestion des sonnambulen Bewusstseins zweiten Grades einwirkt. Endlich scheint auch in der sonnambulen Schicht oder Sphäre desselben Grades eine Dissociation der Vorstellungskomplexe eintreten zu können, welche zur Etablirung mehrerer koordinirter sonnambuler Bewusstseine desselben Grades führt. Von den subordinirten sonnambulen Bewusstseinen unterscheiden sich diese koordinirten dadurch, dass keines von ihnen den Funktionen des andern assistirt oder sie im Gedächtniss bewahrt.

Diejenigen hypnotischen Theorien, welche alles auf Suggestion zurückführen, glauben auch in dieser Uebereinanderlagerung und Nebeneinanderlagerung verschiedener sonnambuler Bewusstseine blosse Wirkungen von Suggestionen, sei es Fremdsuggestionen, sei es unwillkürlichen Autosuggestionen zu sehen, und deuten die Erscheinung rein psychologisch durch Dissociation von Vorstellungskomplexen und Associationsmassen, deren ede nach der Trennung eine eigne Ichvorstellung behauptet. Ich glaube aber, dass solche Dissociationen von scharf gesonderten Vorstellungskomplexen mit zugehörigen Gefühlen und Willensimpulsen nicht denkbar ind ohne eine Leitungsstörung zwischen den entsprechenden Theilen des Centralnervensystems, und dass ie in ihrem plötzlichen Auftreten und Verschwinden rst auf dieser physiologischen Grundlage erklärlich verden. Die einander übergeordneten sonnambulen Bewusstseine ersten und zweiten Grades würden alsdann Hirn-Schichten von verschiedener Tiefenlange unter der Oberfläche der Grosshirnrinde entsprechen, so dass die onnambulen Bewusstseine höheren Grades dem veringerten Mark näher rücken. Die nebengeordneten onnambulen Bewusstseine dagegen würden gleichrerthigen Theilen in derselben Schicht oder Tiefenlage es Gehirns entsprechen (z. B. etwa einer Leitungsörung und gesonderten Bethätigung paariger Organe). lie sonnambulen Bewusstseine höheren Grades erlangen Kenntniss von den Wahrnehmungen und Handlungen er sonnambulen Bewusstseine niederen Grades, beehungsweise des wachen Bewusstseins dadurch, dass ie sensiblen, sensorischen und motorischen Nerven,

die zu jenen hin und von ihnen weg leiten, durch ihre
Organe hindurch müssen oder doch Fasern an sie abgeben; die nebengeordneten sonnambulen Bewusstseine
gleichen Grades dagegen erhalten keine Kenntniss von
einander, sobald die seitlichen Leitungsbahnen zwischen
ihnen gestört sind, weil jedes von ihnen durch andre
Nerven, die aufwärts und abwärts leiten, mit Eindrücken
gespeist wird.

Da nun jedes dieser verschiedenen sonnambulen
Bewusstseine der Urheber von mediumistischen Kundgebungen sein kann, und in jedem dieser sonnambulen
Bewusstseine verschiedene Traumfiguren je nach ihrem
specifischen Charakter zu Worte kommen können, so
entsteht hieraus die Möglichkeit einer so ungeheuren
Komplikation der Erscheinungen, dass man sich nur
noch über ihre durchschnittliche Einfachheit wundern
kann. Dieselbe zweifache Möglichkeit der Scheidung
des Herrschaftsgebietes und der Konkurrenz in demselben Herrschaftsgebiet, die wir zwischen wachem und
sonnambulem Bewusstsein kennen gelernt haben, tritt
nämlich auch für die verschiedenen sonnambulen Bewusstseine ein. Es kann z. B. innerhalb derselben Hirn-
Schicht das rechts belegene Organ die linke Hand und
das links belegene Organ die rechte Hand zum Schreiben verschiedener Sprachen und Handschriften innerviren, ohne dass eines dieser nebengeordneten sonnambulen Bewusstseine vom Thun des andern etwas weiss.
Es kann aber auch ein sonnambules Bewusstsein ersten
Grades die Hand zum Schreiben innerviren, während
gleichzeitig ein sonnambules Bewusstsein zweiten Grades
in Klopftönen buchstabirt. Daneben kann in beiden
Fällen das wache Bewusstsein soweit erhalten sein, dass
es mit den Anwesenden eine mündliche Unterhaltung
führt. Es liegt also in solchen Erscheinungen, bei
welchen mehr als zwei anscheinend gesonderte Intelligenzen aus demselben Organismus sich gleichzeitig
kundgeben, ebensowenig in der Zahl derselben wie in
der Gegensätzlichkeit ihres Inhalts ein Anlass, zu der
hypothetischen Mitwirkung einer ausserhalb des Mediums belegenen Intelligenz zu greifen (460—461).

b. Die scheinbare Ueberlegenheit des Kundgebungsinhalts über die Leistungsfähigkeit des Mediums.

Herr Aksakow führt zunächst einige Berichte über kleine Kinder und Säuglinge an, welche neben anderen mediumistischen Erscheinungen schrieben, ohne schreiben gelernt zu haben, zum Theil ohne sprechen zu können (405—420). Zum Theil wird bei diesen Berichten ausdrücklich der Mediumismus der Mutter und ihre Anwesenheit bei den Versuchen erwähnt, zum Theil wird stillschweigend über beides hinweggegangen, und in einem Falle (413), die Abwesenheit der Mutter, aber die Anwesenheit des Vaters bemerkt. Manchmal heisst es, dass die Mutter das Kind auf dem Schoosse gehalten habe; in anderen Fällen ist nicht angegeben, in welcher Entfernung vom Kinde sich die anwesenden Eltern befanden. Man sieht daraus, dass diese Angaben den Berichterstattern unwesentlich schienen. Wenn bei einem Kinde schon im zartesten Alter wirklicher Mediumismus auftritt, so wird man vermuthen müssen, dass derselbe durch eine starke erbliche Anlage verursacht sei, dass also mindestens einer der Eltern, wenn nicht beide, bewusst oder unbewusst Medien sind. In solchem Falle kann sogar der Mediumismus des Kindes Täuschung sein, insofern dem Kinde Leistungen zugeschrieben werden, die gar nicht von ihm, sondern von den Eltern ausgehen, z. B. die Ortsveränderung des Stuhles mit dem Kinde, oder das Hinüberschweben des Kindes aus der Wiege in die Arme der Mutter (408, 415). In anderen Fällen kann ein wirklicher Mediumismus des Kindes vorgelegen haben, der sich auch in Abwesenheit der Eltern, wenn auch nicht in Schreibversuchen, äusserte (412), und es kann dann an ein unbewusstes mediumistisches Zusammenwirken zwischen Eltern und Kind in Anwesenheit der Eltern gedacht werden.

Wenn das Kind die Tafel hält, in welcher das fernwirkende Schreiben stattfindet, oder wenn das Kind den Griffel in der Hand hält und über die Tafel führt, oder wenn es mit seinem Fusse klopfend buchstabirt, so kann es vermittelst seines engen Rapports mit der mediumistischen Mutter der letzteren die mediumistischen Leistungen leichter machen, als wenn diese das Fernschreiben oder Klopfen ohne seine Beihülfe vollziehen sollte. Die Beihülfe des Kindes bezieht sich dann aber nicht auf den Vorstellungsinhalt, sondern nur auf die mechanischen Bewegungen, durch welche die Kundgebungen übermittelt werden. Das fernwirkende Schreiben wird ja oft genug berichtet, wenn Cirkelsitzer die Tafel in der Hand hielten und das Medium sie nicht berührte; man hat aber in solchem Falle das positiv wirksame Medium noch nie in dem Cirkelsitzer gesucht, wie man es hier in dem Kinde sucht. Ob der Gatte der mediumistischen Mrs. Jencken wahrheitsgemäss berichtet hat (413), dass das Kind in Abwesenheit der Mutter Botschaften durch Klopflaute hervorbuchstabirt habe, oder ob er diese von keinem Zeugen bestätigte Behauptung nur aufgestellt hat, um jeden Zweifel an der mediumistischen Urheberschaft des Kindes zu beseitigen, ist doch sehr fraglich; andernfalls könnte er selbst auch ein Medium gewesen sein, dessen Kraft zwar zum Klopfen, aber nicht zum fernwirkenden Schreiben ausreichte.

Eine andere Reihe von Erscheinungen soll den Bildungsgrad, die wissenschaftlichen Kenntnisse, die Sprachkenntnisse, Thatsachenkenntnisse, die künstlerischen Fähigkeiten und technischen Fertigkeiten des Mediums übersteigen und deshalb zu der Annahme zwingen, dass aussermediumistische Intelligenzen mitgewirkt haben.

Zunächst führt Herr Aksakow einige Fälle an, die ein besonderes Maass gesteigerter künstlerischer Gestaltungskraft beweisen sollen. Dass die künstlerische Gestaltungskraft im sonnambulen Bewusstsein bedeutend grösser ist als im wachen Zustande, unterliegt keinem Zweifel, weil ja eben das sonnambule Bewusstsein alles möglichst versinnlicht, symbolisirt, personificirt und lebhaft und leibhaft gestaltet, was das wache Bewusstsein mit abstraktem Denken erfasst. Was dem sonnambulen Bewusstsein fehlt, ist nur die zielbewusste Besonnenheit und Selbstkritik, und wenn das stetige Zielbewusstsein durch eine Fremdsuggestion oder Autosuggestion ersetzt ist, so wird die Selbstkritik bei flüssiger Produktion bis zu einem gewissen Grade entbehrlich sein. Wie in der schauspielerischen Nachahmung der Sonnambule dem Wachen überlegen ist, so mag das auch in der Imitation des literarischen Stils der Fall sein, wo es auf die scharfe Beobachtung und Wiedergabe von allerlei Aeusserlichkeiten und kleinsten Zügen der Schreibweise ankommt. Die Vollendung eines Romanbruchstücks im Stile des verstorbenen Autors durch einen literarischen Neuling (385 — 391) scheint mir deshalb durchaus nicht über die Fähigkeiten des sonnambulen Bewusstseins hinauszugehen, sofern der Fortsetzer die zu vollendende Arbeit und einige andre Werke desselben Autors aufmerksam und mit Interesse gelesen hat. Wenn sich in einer solchen Fortsetzung wirklich poetisches Talent bethätigt, so wird der Urheber auch im Stande sein müssen, bei wachem Bewusstsein poetisch Werthvolles hervorzubringen, es sei denn, dass in den dem wachen Bewusstsein dienenden Hirntheilen besondre Erschwerungen und Hemmungen der dichterischen Produktion bestehen.

Der Schein einer überlegenen wissenschaftlichen Bildung kann sehr leicht daraus entstehen, dass das sonnambule Gedächtniss in seinem sensitiven Zustande leichter anspricht als das wache Gedächtniss, und deshalb manche Kenntnisse beherrscht, die das wache Gedächtniss vergessen zu haben scheint. Jeder gebildete Mensch wäre ungeheuer gelehrt, wenn er alles behalten hätte, was er jemals in seinem Leben gehört oder gelesen hat und wenn er über allen diesen Wissensstoff jederzeit gebieten könnte. Es kommt hinzu, dass das sonnambule Bewusstsein selbst solche Eindrücke aufnimmt und in seinem Gedächtniss bewahrt, welche der Aufmerksamkeit des wachen Bewusstsein entgangen sind, also niemals dem wachen Gedächtniss verloren gehen konnten, weil sie ihm gar nicht einverleibt waren. Es ist ganz unglaublich, was alles unbeachtet am wachen Bewusstsein vorüberzieht und doch im Gedächtniss des sonnambulen Bewusstseins seine leisen Spuren hinterlässt, die durch associative Vorstellungen bei der Gedächtnisshyperästhesie des sonnambulen Zustandes wieder zur Aktualität erweckt werden können. Ein im Schaufenster eines Buchladens aufgeschlagenes Buch kann

z. B. sich mit einer bestimmten Stelle dem sonnambulen Gedächtniss des Vorübergehenden und flüchtig Hinblickenden einprägen, während er versichern muss, das Buch gar nicht zu kennen. Wenn man in der Wohnung eines Bekannten einige Minuten warten muss, so nimmt man wohl gedankenlos ein Buch vom Bücherständer, das sich von selbst an einer viel benutzten Stelle aufklappt, und stellt es ebenso zerstreut wieder an seinen Platz, ohne auch nur nach dem Titel zu sehen. Ein Satz der aufgeschlagenen Seite, oder ein einzelner auffällig gedruckter Name kann sich dabei dem sonnambulen Gedächtniss einprägen, ohne dass das wache Bewusstsein davon etwas ahnt.

Die Hyperästhesie und der grössere Stoffreichthum des sonnambulen Gedächtnisses erscheinen auch dann als Erklärungsgründe ausreichend, wenn die Anwesenden sämmtlich versichern, dass sie selbst die gestellten Fragen zu beantworten ausser Stande gewesen wären. Dabei ist aber keineswegs ausgeschlossen, dass die das Medium sein Wissen aus sonnambulen Erinnerungen gelegentlich durch solche Kenntnisse ergänzt, die ihm selbst nicht vertraut sind, die aber in dem sonnambulen Gedächtniss eines der Anwesenden aufgespeichert und durch die gestellten Fragen associativ geweckt sind. Alsdann kann das Medium sein Wissen durch Gedankenlesen in dem aktuellen sonnambulen Vorstellungsinhalt eines der Anwesenden vervollständigen, ohne dass das wache Bewusstsein des Betreffenden von der Aktualität dieses Vorstellungsinhaltes in seinem sonnambulen Bewusstsein eine Ahnung hat, und während er mit gutem Gewissen seine Kenntniss von der Sache ableugnet. In der Regel aber werden nicht alle Anwesenden gleichzeitig in Unkenntniss der zu gebenden Antwort sein; insbesondre wird der die Fragen Formulirende meistens solche Fragen wählen, deren Antwort er auf ihre Richtigkeit zu kontroliren vermag; alsdann wird die Fragestellung und die auf die Antwort gerichtete gespannte Erwartung geradezu als Mentalsuggestion auf das Medium wirken müssen, und ihm das Gedankenlesen sehr erleichtern.

Mag nun das Medium allein aus seinem sonnambulen Gedächtniss schöpfen oder sich nebenbei auf den sonnambulen Vorstellungsinhalt der Anwesenden mittelst Gedankenlesen stützen, so wird es doch möglich sein, dass es Kenntnisse in seinen mediumistischen Kundgebungen offenbart, von denen es selbst und die Anwesenden mit Recht versichern können, dass sie ausser ihrem Wissensbereich liegen. Es liegt also zwischen der Kenntniss des wachen Bewusstseins und dem Betrug noch ein sehr weites und schwer kontrolirbares Gebiet für den Vorstellungsinhalt der Kundgebungen ohne Ueberschreitung der im Cirkel vertretenen Intelligenzen, und es handelt sich durchaus nicht, wie Herr Aksakow meint, um eine Alternative zwischen bewusstem Wissen oder bewusstem Betrug einerseits (368) und Geisterhülfe andererseits.

Herr Aksakow führt zunächst eine Sitzung mit wissenschaftlichen Fragen und Antworten an, welche die Society for Psychical Research zu London werthlos fand (391—401), sodann einen angeblichen Aufschluss über die scheinbare Umlaufsrichtung der Uranusmonde, welche das Medium, wenn es nicht selbst astronomisch dilettirte, wahrscheinlich in einer Unterhaltung mit irgend einem astronomischen Dilettanten aufgefangen hat (401—405), In einem anderen Beispiel wird vom Medium ein Satz geschrieben und dann auf das elfte Buch in dem zweiten Bücherbrett im Zimmer als die Quelle hingewiesen, welches sich auf der die Stelle enthaltenden Seite öffnen werde (479). Hier ist es klar, dass eine vielbenutzte Stelle des Buches sich vorher auch dem Medium gelegentlich geöffnet hat. Es folgt dann ein hebräisches Citat mit dem Namen des Urhebers, und eine griechische Devise, die nach den genaueren Ermittelungen des Herrn Askasow beide nur aus einem bestimmten Buche („Die Poesie der Sinnsprüche und Devisen" von W. Wichmann, Düsseldorf 1882) geschöpft sein konnten (481—494, 519—526). Die Sitzung fand am 10./22. Februar 1882 statt, während das Buch mit der Jahreszahl 1882 wahrscheinlich schon erschienen war. Sollte das Medium nicht dieses Buch als neu aufliegende Novität in einem Buchladen gesehen und unaufmerksam angeblättert haben? Die wenigen in Betracht kommenden Worte, vermuthlich als besondere Zeilen oder in hervorstechender Schrift gedruckt, können sich dem sonnambulen Gedächtniss leicht eingeprägt haben.

Es werden ferner von Herrn Aksakow eine Reihe von Beispielen zusammengestellt, in denen die Medien in Sprachen geredet haben sollen, die ihnen völlig unbekannt waren (420—444). Bei allen diesen Berichten fällt vor Allem die Sorglosigkeit auf, mit welcher die Berichterstatter behaupten, dass die betreffende Sprache dem Medium „völlig unbekannt" gewesen sei, ohne sich um irgend welche nähere Begründung dieser Behauptung zu kümmern, während es doch die wichtigste Aufgabe eines wissenschaftlichen Beobachters gewesen wäre, dieser Frage auf das Sorgfältigste nachzuspüren und sie selbst bei negativem Forschungsergebnisse im Zweifel zu lassen, weil die rechte Spur absichtlich verschleiert sein konnte. So z. B. kannte der amerikanische Richter Edmonds die Chippewa- und Monomonic-Dialekte, weil er zwei Jahre lang auf Indianischem Gebiete gelebt hatte (427); dass aber seine mediumistische Tochter Laura keine Sprache ausser Englisch verstand, hält er durch ihre eigene Behauptung für genügend bewahrheitet (425). Lieder in fremden Sprachen zu singen, ist bekanntlich viel leichter, als sie zu sprechen, und vor wenig sachverständigen Zuhörern wird auch eine höchst unvollkommene Wiedergabe des fremden Idioms überraschend wirken. Wie leicht kommt aber eine musikalisch veranlagte junge Dame aus den besseren Ständen dazu, fremdsprachliche Lieder singen zu hören (424), oder ein Herr Barnum in Amerika dazu, indianische Gesänge kennen zu lernen (434)! Aber das ist schon viel, wenn die Versicherung des Mediums, von der fremden Sprache nichts zu verstehen, besonders erwähnt wird (439); in der Regel ist in den Berichten gar nicht davon die Rede, oder der Erzähler bemerkt bloss seine Ueberzeugung, ohne Angabe der Quelle, aus der er sie geschöpft hat. Handelt es sich gar um specifische Sprachmedien, so wird die Gläubigkeit der Berichterstatter an mangelnde Vorbereitung das einzige Wunderbare an den Berichten. (440—442).

Die stärkste Zumuthung, welche amerikanische Berichte an uns jemals gestellt haben, liegt in dem Notenschreiben und Klavierspielen eines 13jährigen Mädchens, welches nach seines Vaters Angabe beides gar nicht konnte (446—447). Ob er in den vorhergehenden Jahren seine Tochter keine Stunde aus den Augen gelassen hat, oder worauf sonst er seine Versicherung stützt, ist nicht angegeben.

Nun ist ja offenbar richtig, dass das sonnambule Bewusstsein der mittleren und unteren Hirntheile unter der Schwelle bei allen technischen Fertigkeiten die wichtigste Rolle spielt, und dass wesentlich ihm das zufällt, was man Einübung und Gewöhnung nennt. Es ist ebenfalls richtig, dass das wache Bewusstsein der Grosshirnrinde, welches die Einübung leitet, bei der Ausübung mit seinen unwillkürlichen Hemmungsreflexen, seinem reflektirenden Schwanken und Zweifeln und seiner lähmenden Furcht vor Gedächtnissfehlern und motorischen Koordinationsfehlern mehr störend als fördernd wirkt. Wenn also das wache Bewusstsein ausgeschaltet wird, so wird die fehlerlose Ausführung eines vorher eingeübten Musikstücks oder das Hersagen eines auswendig gelernten Gedichtes besser und leichter gelingen, als wenn das wache Bewusstsein mitwirkt. Je höher sich die Gedächtnisshyperästhesie des sonnambulen Zustandes steigert, desto geringer wird das erforderliche Maass vorausgehender Einübung sein müssen; aber deshalb kann dasselbe doch nicht auf Null sinken.

Das sonnambule Bewusstsein kann zwar die Vorstellung des Auszuführenden anderswoher empfangen, z. B. durch Mentalsuggestion; aber diese Vorstellung hilft ihm nichts für die Ausführung, wenn die Bewegungskoordinationen der ausübenden Muskelgruppen nicht durch Einübung der Nervenbahnen vorbereitet sind. Wer sprechen kann, d. h. die Bewegungskoordinationen der Sprachmuskeln genügend eingeübt hat, kann jedes ihm durch Suggestion zufliessende Wortbild auch mit seinen Sprachwerkzeugen zum Ertönen bringen, auch wenn die besonderen Worte ihm vorher fremd waren. Wer Klavier spielen kann, der wird ein ihm suggerirtes bisher unbekanntes Tonstück mit gleicher Fertigkeit auf dem Klavier wiedergeben können, wie eines, das er gehört oder gelesen und im Gedächtniss behalten, aber bisher nicht gespielt hat. Wer aber nicht sprechen und nicht Klavier spielen kann, wird sich ebenso vergeblich bemühen, Sätze oder Tonstücke, die ihm suggerirt werden, mündlich oder spielend wiederzugeben, als solche, die er gehört hat.

Dabei ist es ganz gleichgiltig, woher die Suggestion stammt, ob von einem neben ihm befindlichen Menschen, oder von einem körperlosen Geist; die zweite Annahme macht das schlechthin Unerklärliche auch nicht um ein Haar breit erklärlicher als die erste. Denn auch der Geist könnte nichts weiter leisten, als dem sonnambulen Bewusstsein des Mediums die Suggestion des Tonstücks geben, und selbst wenn er zu der Suggestion des Klanges die Suggestion der motorischen Ausführungsimpulse nach ihrer inneren Empfindungsbeschaffenheit hinzufügen wollte, so würde das in dem Medium nicht die entsprechenden Gruppen koordinirter Bewegungen auslösen. Es würden höchstens stümperhafte Anläufe zu Tage treten, die in Verwirrung enden, ähnlich den zappelnden ersten Gehversuchen eines Kindes; denn es würde die Einübung der Nervenbahnen fehlen, welche zur Umsetzung relativ einfacher Innervationsimpulse in komplicirte Reihenfolgen von Bewegungsgruppen erforderlich ist. Vermittelst eines durch keine Uebung vorbereiteten Nervensystems könnte der mächtigste Geist ebensowenig ein richtiges und sauberes Klavierspiel zu Tage förden, wie auf einem völlig verstimmten Klavier mit fehlenden Saiten ein reinklingendes Spiel. Die Geisterhypothese erweist sich völlig ohnmächtig, zur Erklärung eines solchen Falles das Geringste beizutragen, und deshalb kann auch rückwärts ein solcher Fall der Geisterhypothese nicht als Stütze dienen. Es genügt, die völlige Unbegreiflichkeit dieser amerikanischen Berichte unter jedem Gesichtspunkt zu konstatiren, um sie in ihrer Isolirung als schlechthin unglaubwürdig erscheinen zu lassen.

Herr Aksakow führt ferner eine Reihe von Beispielen an, welche beweisen, dass gewisse Medien eine grosse Sensitivität des Sehorgans bei sehr schwacher Beleuchtung besitzen (465—475). Bekanntlich giebt es solche Lichtsensitive auch im wachen Zustande, welche in einem anscheinend dunklen Zimmer sehr gut sehen

können. Jeder Mensch besitzt diese Lichtsensitivität
in höherem oder geringerem Grade, wenn er in völlig
verdunkeltem Raume mehrere Stunden geschlafen hat.
Es ist kein Wunder, dass dieselbe im sonnambulen
Zustande eine ähnliche Steigerung erfahren kann, wie
wir dies von den übrigen Sinnen und von der Gesichts-
schärfe für kleinste Objekte wissen. Das Erkennen
von Photographien oder der Uhr in einem ziemlich
dunklen Zimmer, oder das Sehen (und Berühren) einer
ostentativ erhobenen Hand oder eines Fingers durch
das Medium hat auch dann nichts Wunderbares, wenn
dasselbe sich mit einem Tuch die Augen leicht ver-
binden lässt, da man unter demselben gewöhnlich ganz
gut hindurchsehen kann.

Dass es sich um wirkliches körperliches Sehen des
Mediums handelte, ergiebt sich aus der Fähigkeit der
Mitsitzenden, etwas von den Objekten zu sehen (470,
471), aus dem Misslingen, wenn die Objekte verdeckt
oder hinter das Medium gelegt waren (471), und aus
der Erleichterung, welche das Auflegen der zu erken-
nenden Geldstücke oder Uhr auf ein weisses Blatt
Papier gewährte (472—473). Dass das Schreiben im
Dunkeln auch das Lesen des Geschriebenen einschliesse
(467), scheint mir irrthümlich. Die Irrthümer des Sehens
entsprechen bei diesen Berichten ganz denen unseres
körperlichen Sehens bei mangelhafter Beleuchtung. Ich
verstehe nicht, wie diese blosse Gradverschiedenheit
der Sehschärfe bei schwacher Beleuchtung von Herrn
Aksakow als Ausschluss der körperlichen Sinneswahrnehmung (475) oder gar als ein transcendentales Wahr-
nehmungsvermögen (468) gedeutet werden kann, oder
wie er den Aussagen der Medien über die Beschaffenheit ihrer „transcendentalen Organe" eine Beachtung
beimessen kann, da es doch bekannt ist, dass Sonnambule über die Art und Weise, wie sie durch natürliche
Vermittelung zu ihren Kenntnissen gelangen, so oft
im Unklaren sind*) und entweder gar nichts über die
Erlangung ihrer Kenntnisse angeben können, oder sich

---

*) Das beste Beispiel hierfür ist die Sonnambule, welche den Text
eines Buches durch sein Spiegelbild im Auge des Experimentators liest,
aber direkt zu lesen glaubt.

hypothetische Erklärungen zurechtphantasiren, wie sie ihrer spiritistischen Ueberzeugung gemäss sind.

Ganz ähnlich ist es mit der Hyperästhesie der Tastempfindung, die nicht nur beim Medium selbst geschärft ist, sondern auch bei den Theilnehmern der Sitzung, wenn sie ihre Aufmerksamkeit auf ein von ihnen betastetes Objekt richten. Der Theilnehmer wird in seinem sonnambulen Bewusstsein unter solchen Umständen einen sehr genauen Eindruck empfangen von der Zahl der Schellen z. B., die er in der geschlossenen Hand hält, oder von der Gestalt der gedruckten Buchstaben des Wortes, auf das er die Spitze seines Zeigefingers drückt; sein sonnambules Bewusstsein wird entweder dieses Tastbild als solches scharf auffassen, oder auch es in ein Gesichtsbild umsetzen, gleichviel ob das wache Bewusstsein im Stande ist, die empfangenen Tasteindrücke zu zählen oder lesend zu deuten, oder nicht. Das scharfe Tastbild (oder umgesetzte Gesichtsbild) im sonnambulen Bewusstsein des Theilnehmers genügt aber zur Vorstellungsübertragung in das Medium, und das sonnambule Bewusstsein des Mediums vollzieht nun die geforderte Uebertragung des Tast- oder Gesichts-Bildes in ein Zahlwort oder in die Buchstaben der Planchette (476—477). Von Hellsehen im eigentlichen Sinne ist hier nicht die Rede.

Wir kommen nun zu den Beispielen einer Vorstellungsübertragung nicht zwischen Personen in nächster Nähe sondern auf weitere Entfernungen (Telepathie). Herr Aksakow nimmt gleich mir eine solche Fähigkeit an (573—595); aber er betont, dass ich das Funktioniren dieser telepathischen Fähigkeit des Mediums an zwei Bedingungen geknüpft habe, und will mir den Schluss aufdrängen, dass beim Fehlen dieser Bedingungen die Mitwirkung aussermediumistischer Kräfte und Intelligenzen angenommen werden müsse. Diese zwei Bedingungen sind die hallucinatorische Form der übertragenen Vorstellung (unter Ausschluss einer abstrakt gedanklichen Form) und der bereits durch anderweitige Beziehungen bestehende oder durch eine lebhaftes Interesse und Gemüthsbetheiligung ad hoc hergestellte Rapport zwischen dem Uebertrager und Empfänger.

Ich habe gesagt, „dass nach unsern Erfahrungen

auf weite Entfernungen gar keine Gedanken oder Worte, sondern nur sinnlich anschauliche und möglichst lebhafte Hallucinationen übertragen werden können" (Spiritismus S. 115); „ich kenne keinen Fall, wo die von der Phantasie des Empfangenden einer solchen Gestalt in den Mund gelegten Worte von dem Uebertragenden als seine Wortvorstellungen verificirt worden wären" (ebd. S. 65). Herr Aksakow beruft sich an verschiedenen Stellen seines Werkes (z. B. 453, 496, 541—545, 648, 763) auf diese meine Aeusserungen, und glaubt danach, für meinen Standpunkt jede Telepathie von Worten als eine die Geisteskräfte des Mediums übersteigende erwiesen zu haben, welche zur Annahme aussermediumistischer Intelligenzen nöthigt. Diese Beweisführung hätte unter allen Umständen nur den Werth einer argumentatio ad hominem, da Herr Aksakow selbst die telepathische Gedankenübertragung in sprachlicher Form, aber ohne hallucinatorische Einkleidung annimmt (702), also sachlich genommen von diesem seinem Standpunkt aus kein Recht hat, eine etwaige nichthallucinatorische Telepathie für eine die Geisteskräfte des Medium übersteigende Thatsache auszugeben. Aber auch die argumentatio ad hominem trifft mich nicht. Ich habe eben nur gesagt: „nach unseren (scil. bisherigen) Erfahrungen" und „ich kenne keinen Fall", habe also damit angedeutet, dass eine Erweiterung der bezüglichen Erfahrungen auch zu einer weiteren Fassung dieser Sätze nöthigen würde. Das Wesentliche meiner Behauptung hinsichtlich der ersten der beiden Bedingungen lag in der Betonung der hallucinatorischen Form der Telepathie; Gedanken und Worte glaubte ich nach den bisherigen Erfahrungen gerade soweit ausschliessen zu sollen, als sie in nichthallucinatorischer Form auftreten.

Nun können aber Gedanken sogar durch hallucinatorische Gesichtsanschauungen mittelbar übertragen werden, indem der Empfänger der Hallucination unbewusst aus dem Anschauungsbilde auf seine Bedeutung schliesst und diese seinerseits in Worte einkleidet. Andererseits können Worte und Wortverbindungen auf zwiefache Art hallucinatorisch übertragen werden: erstens durch das hallucinatorische Klangbild (Gehörshalluci-

nation von Stimmen) und zweitens durch das hallucinatorische Gefühlsbild der auf die Worte bezüglichen
Innervationsimpulse (Hallucination des inneren Sprechens).
Jede allein kann genügen; es können sich aber auch
beide vereinigen. In der Regel dürfte ein Medium im
sonnambulen Zustande eine fortlaufende Reihe von
Traumbildern haben, von denen es nur wenige, für den
Zweck der Sitzung geeignete, behufs Mittheilung an
die Anwesenden in Worte übersetzt. Auch solche telepathische Mittheilungen, die sich ihm in Form von sinnlichen Traumbildern darstellen, wird es zum Zweck der
Mittheilung in der Regel nicht als Bilder beschreiben,
sondern wie ein unbewusster Traumdeuter auf ihren
thatsächlichen Gedankengehalt hin prüfen und nur diesen
übersetzen. Wenn also eine telepathisch inspirirte Kundgebung in Wörten ausgedrückt ist, so darf daraus noch
nicht geschlossen werden, dass die telepathische Vorstellungsübertragung selbst auch in Worten erfolgt ist;
dieser Schluss ist auch dann unzulässig, wenn der thatsächliche Inhalt der Kundgebung sich später bewahrheitet.

Der Schluss auf Uebertragung von Worten als
solchen in die Ferne wird nur dann zulässig sein, wenn
entweder der Wortlaut der Kundgebung durch den
Uebertragenden bestätigt wird, oder wenn die Kundgebung mit sich bestätigendem Gedankeninhalt in der
dem Medium unbekannten Muttersprache des Uebertragenden erfolgt. Im ersteren Falle wird es besonders
dringlich, den Verdacht auf vorherige Verabredung
zwischen dem Uebertragenden und dem Empfänger
auszuschliessen (z. B. 463), und das zufällige Zutreffen
allgemein gehaltener und leicht zu vermuthender Angaben (z. B. 516—517) von nicht errathbaren thatsächlichen Mittheilungen zu unterscheiden; im letzteren
Falle ist die überzeugende Begründung erforderlich,
dass weder das Medium die Sprache versteht, noch auch
dass der mit dieser Sprache vertraute Fragensteller ihm
die erwarteten oder befürchteten Antworten in dieser
Sprache mental suggerirt, so dass nur der falsche Schein
einer Telepathie entsteht (z. B. 426). In beiden Rich-
tungen lässt die Abfassung der bezüglichen Berichte
alles zu wünschen übrig; die Berichterstatter haben

gewöhnlich keine Ahnung davon, welche Punkte es sind, auf die sie ihre Aufmerksamkeit richten müssen, um den Berichten einen Werth zu verleihen.

Die andre Bedingung der Telepathie war der bereits bestehende Rapport, oder das ihn herstellende Gemüthsinteresse. In manchen Berichten wird ausdrücklich bemerkt, dass zwischen Uebertragendem und Empfänger durch wiederholtes Magnetisiren schon früher ein Rapport hergestellt war (z. B. 582). In anderen Fällen wird beiläufig erwähnt, dass beide Theile Freunde oder Freundinnen, oder gar Schwestern (z. B. 514—516, 546—547, 455, 462), oder engste Nachbarn in demselben Hotel waren (511), oder in dem Verhältniss des geistigen Leiters eines Cirkels zum Medium standen (549); gleichwohl wird nicht selten bestritten, dass auf Grund dieser Verhältnisse ein gemüthlicher Rapport oder eine Sympathie bestanden habe. Auch für einen aus irgend welchen Gründen abgewiesenen Bewerber und seine weiteren Schicksale kann ein junges Mädchen unter Umständen das lebhafteste Interesse bewahren (496). Es scheint auch nicht statthaft, die Unmöglichkeit des Rapports daraus zu folgern, dass der Tod des Bewerbers schon fünf Stunden früher erfolgt war, als die Kundgebung durch mediumistische Schrift (494 bis 497); vielmehr blieb der unzweifelhaft hallucinatorische Eindruck, den das sonnambule Bewusstsein von dem Sterbenden empfing, so lange unter der Schwelle des wachen Bewusstseins und darum unfähig, sich zu äussern, bis zufällig nach fünf Stunden eine Sitzung gehalten wurde und in dem nun eingetretenen Zustand das sonnambule Bewusstsein die Macht gewann, den empfangenen Eindruck des Todes in eine Mittheilung durch Worte zu übersetzen.

Unter Umständen scheint allerdings ein telepathischer Einfluss stattzufinden zwischen Personen, die einander unbekannt und durch keine unmittelbaren Gemüthsbeziehungen verbunden sind; in diesen Fällen liegt aber eine mittelbare Verknüpfung durch gemeinsames Interesse an einer dritten, beiden nahe stehenden und vertrauten Person vor. Wir werden diese Art der Anknüpfung eines Rapports die durch indirekte Gemüthsinteressen nennen können. Am leichtesten scheint

diese indirekte Anknüpfungsweise des Rapports erklärlich, wenn die Mittelsperson im Cirkel anwesend ist;
alsdann braucht nur das Medium durch Gedankenlesen
aus dem sonnambulen Bewusstsein des Anwesenden die
Eindrücke herauszuschöpfen und in Worte zu kleiden,
welche dieser telepathisch empfangen hat, ohne dass sein
waches Bewusstsein etwas davon ahnt (502). Es kann
aber diese durch einen Anwesenden unbewusst dem
Medium vermittelte Telepathie leicht abwechseln und
verwechselt werden mit einem blossen Gedankenlesen
des Mediums aus dem sonnambulen Gedächtniss des
Anwesenden, wie es der Fortgang desselben Berichtes
zeigt (502—503). Schwieriger ist die Sache, wenn die
Mittelsperson des gemeinsamen Interesses (z. B. ein
Vater, oder Freund, oder Herr eines beeinflussten
Dienstboten) nicht als aktiver Vermittler des Rapports
herangezogen werden kann (631—633); die Aufsuchung
des unbekannten Dritten mit dem Willen der aktiven
oder passiven Vorstellungsübertragung bedarf dann, um
die Telepathie auf die rechte Fährte zu setzen, in der
That einer Art von Hellsehen, das aber aufhört und
der Telepathie Platz macht, sobald die Anknüpfung des
Rapports gelungen ist.

Ich hatte bei Abfassung meiner Spiritismusschrift
überhaupt noch keine Berichte von spiritistischen Sitzungen mit Vorstellungsübertragungen in die Ferne gekannt; Herr Aksakow bringt vier solche Berichte bei
(545—551), in der That keine grosse Zahl, wenn man
die Unmasse von Cirkelsitzungen bedenkt. Ebenso
waren mir Beispiele einer Anknüpfung des Rapports
durch gemeinsames Gemüthsinteresse an einer dritten
Person oder durch indirekte Gemüthsbeziehungen bisher nicht bekannt geworden, und es müssten die bezüglichen Berichte doch erst vermehrt und sorgfältiger
geprüft werden, ehe man dem Studium dieser ungewöhnlichen, in das Hellsehen hinüberleitenden Erscheinung näher treten könnte. Auch jetzt kenne ich
keinen Bericht, der eine telepathische Beeinflussung
ohne Rapport durch direkte oder indirekte Gemüthsbeziehungen behauptete. Dagegen wird der Begriff des Interesses oder der Gemüthsbetheiligung zu
eng gefasst, wenn abgewiesene Bewerber, Freunde,

Hotelnachbarn u. s. w. von demselben ausgeschlossen werden.

Wenn kein Lebender mehr auffindbar ist, aus dessen Bewusstsein das Medium telepathisch schöpfen kann, oder wenn kein Lebender, der von den Dingen weiss, anwesend oder durch irgend welchen Rapport mit dem Medium verknüpft zu denken ist, dann tritt die Erklärung durch Hellsehen in Kraft für Kundgebungen, deren bewahrheiteter Inhalt ausserhalb der Gedächtnisssphäre und sensitiven Wahrnehmungssphäre des Mediums liegt. Das Hellsehen ist immer hallucinatorisch vermittelt zu denken, gleichviel ob es sich auf Ereignisse, die nicht mehr oder noch nicht wirklich sind, bezieht, oder auf solche, die gleichzeitig ausserhalb der sensitiven Wahrnehmungssphäre wirklich sind. Was unmittelbar hellgesehen (oder hellgehört) wird, ist also immer eine Hallucination, d. h. eine subjektive Erscheinung, welche durch unmittelbare Erregung der Centralorgane der Sinneswahrnehmung gesetzt, nicht durch periphetische Reizung der Wahrnehmungsorgane vermittelt ist. Die Hallucination ist Hellsehen oder wahrhafte Hallucination, wenn der subjektiven Erscheinung in Vergangenheit, Gegenwart oder Zukunft ein bezüglicher Thatbestand entspricht; sie ist eine unwahre oder bloss subjektiv bedingte Hallucination, wenn ihr ein solcher Thatbestand nicht entspricht. Die Hallucination bleibt aber in beiden Fällen eine subjektive Erscheinung, d. h. eine solche, die nicht durch Sinneswahrnehmung vermittelt ist, und ihr Objekt nicht anschaulich an den Punkt des Raumes und der Zeit versetzt, wo das ihm entsprechende „Ding an sich" sich gegenwärtig wirklich befindet.

Insofern haftet auch ·der wahrhaften Hallucination eine Unwahrheit der raumzeitlichen Projektion an. Sie schaut ein vergangenes oder zukünftiges Ereigniss als einen gegenwärtigen Vorgang an, was es nicht ist; sie sieht ein gleichzeitig in der Ferne sich vollziehendes Ereigniss als ein räumlich anwesendes, was es nicht ist. Die Sinneswahrnehmung täuscht uns auch oft genug über das Maass der Entfernungen, in welche wir die Objekte projiciren, ja sogar über die Zeit des Vorgangs bei der Bewegung von so entfernten Himmelskörpern, dass das Licht merklich verspätet zu uns gelangt. In dieser Hinsicht ist auch die subjektive Erscheinung der Sinneswahrnehmung mit Ungenauigkeiten behaftet; aber diese sind gesetzmässig und deshalb der Korrektur durch das Denken unterworfen. Im Allgemeinen versetzen wir das Objekt der Sinneswahrnehmung dahin, wo das uns afficirende Ding an sich in einem hypothetischen realen Raum sich zu gleicher Zeit wirklich befinden würde, und deshalb und nur insoweit als diese Voraussetzung erfüllt ist, dürfen wir der subjektiven Erscheinung unserer Wahrnehmung transcendentale Realität zuschreiben.

Diese transcendentale Realität in Bezug auf Ort und Zeitpunkt des Geschehens fehlt der Hallucination auch dann, wenn sie wahrhafte Hallucination oder Hellsehen ist; ihre subjektive Erscheinung kann nicht unmittelbar als adäquater Repräsentant einer (erkenntnisstheoretisch transcendenten) objektiven Realität genommen werden. Vielmehr muss das Denken hinzutreten und aus der näheren Beschaffenheit der Hallucination im Vergleich mit gedächtnissmässig bekannten Daten zu schliessen suchen, ob dieselbe sich auf ein vergangenes, gegenwärtiges oder zukünftiges, nahes oder fernes Ereigniss bezieht, und wann und wo das transcendente Korrelat der subjektiven Erscheinung in Zeit und Raum gesucht werden muss. Manchmal fehlen hierzu alle Anhaltspunkte; oft genug ergeben sie sich erst später, wenn Kunde von entfernten Ereignissen anlangt, oder wenn Vorgefühle Erfüllung finden, oder wenn der Zufall die Kenntniss vergangener Geschehnisse am gleichen Orte zuführt.

Alle Hallucinationen sind demnach subjektive Erscheinungen ohne transcendentale Realität, auch dann, wenn sie nicht bloss subjektiv bedingt, sondern objektiv mitbedingt und deshalb wahrhafte Hallucinationen sind, denen zwar ein realer Thatbestand entspricht, aber nicht an dem Orte oder nicht in dem Zeitpunkt, an und in welchen die subjektive Erscheinung ihn hinstellt. Herr Aksakow verwechselt den nicht rein subjektiven Ursprung der wahrhaften Hallucination mit einem nicht rein hallucinatorischen Charakter derselben (652), und verkennt, dass alles

Hellsehen eine reine Hallucination, d. h. eine durch das
Emporsteigen einer Traumanschauung des sonnambulen
Bewusstseins über die Schwelle gesetzte subjektive Er-
scheinung ohne transcendentale Realität ist (643—644).

Auch hier ist zu berücksichtigen, dass das sonnambule Bewusstsein des Mediums seine etwaigen hellsehenden Hallucinationen in Worte umsetzen muss,
wenn es sie den Anwesenden mittheilen will, falls das
Medium nicht ein Zeichenmedium oder Malmedium ist.
Die Worte, durch die es entweder die subjektive Erscheinung beschreibt oder den symbolischen von ihr
umschriebenen Gedankenhalt ausdrückt, muss das Medium dann zum zweiten Mal in Buchstaben auflösen
und die Buchstaben in Klopflaute übersetzen, falls es
nicht Sprechmedium oder Schreibmedium ist. Diese
nachträgliche Vermittelungsweise für die Kundgebung
des Gedankengehalts an die Anwesenden kann doch
aber nichts gegen den hallucinatorischen Charakter der
ursprünglichen Form des Hellsehens beweisen, wie Herr
Aksakow glaubt (544—545).

Das Eintreten des Hellsehens muss immer ein
Motiv haben, sei es nun eine sensitive Wahrnehmung
oder sei es ein Gemüthsinteresse. Die sensitive Wahrnehmung ist an und für sich eine mediumistische Leistung; denn auf ein normales Nervensystem macht die
Haarlocke, die einem Todten abgeschnitten ist, keinen
andern Eindruck als die eines Lebendigen, ein Stück
Elephantenzahn keinen andern als die Klapper einer
Klapperschlange, und ein Zimmer, unter dessen Dielen
Reste von vergossenem Menschenblut liegen, keinen
andern, als ein Zimmer, wo solche Reste fehlen. Diese
sensitive Gefühlsleistung ist aber genau zu unterscheiden
von dem Hellsehen, zu dem sie den Anstoss geben
kann. Man pflegt die Rekonstruktion von Personen
und Charakteren aus Haarlocken, Handschriften oder
anderen Gegenständen, an denen ihre persönliche Aura
haftet, in der spiritistischen Literatur als Psychometrie
zu bezeichnen. Eine Erweiterung dieser Psychometrie
ist die Rekonstruktion des Charakters von Landschaften
sammt ihrer Flora und Fauna, aus denen exotische
Produkte stammen, oder die Rekonstruktion vergangener
ungewöhnlicher Ereignisse aus den Resten, die sie am

Thatort zurückgelassen haben (z. B. des Wahrtraumes einer Mordthat in dem mit Blutresten behafteten Zimmer). Es ist dann das sensitive Gefühl von etwas Ungewöhnlichem oder Schrecklichem, welches das sonnambule Traumbewusstsein in Gemüthserregung versetzt, d. h. in den Zustand der Interessirtheit an der Sache, welche für das Inkrafttreten des Hellsehens Bedingung scheint.

In anderen Fällen kann das Interesse am Eintritt des Hellsehens aus ganz andern Quellen stammen, z. B. aus dem Wunsche des Mediums, eine gestellte Aufgabe womöglich zu lösen (478 unten), oder aus der Verantwortlichkeit eines Schiffskapitäns für die richtige Leitung seines Schiffes und halbunbewussten Bedenken über die Richtigkeit der Entschliessungen seines wachen Bewusstseins, die sich hallucinatorisch verkörpern (513 bis 514), oder aus der Heimathsliebe und der Anhänglichkeit an Haus und Hof, oder aus dem Gemeinsinn, dem landsmannschaftlichen und nachbarlichen Solidaritätsgefühl. Eine wichtige Rolle kann grade bei dem Hellsehen das indirekte Interesse spielen, wie es in gröbster Gestalt durch den Befehl des Magnetiseurs an seine Sonnambule, sich in Gedanken da oder dorthin zu versetzen, dargestellt wird, in feinerer Gestalt durch die ausgesprochenen oder unausgesprochenen Wünsche der Cirkelsitzer, durch das Medium dies oder jenes zu erfahren. Eine Verbindung psychometrischer und indirekter Interessenerregung würde zu finden sein in dem Verfahren des „Geisterpostmeisters", der die verschlossenen brieflichen Anfragen Unbekannter an ihre verstorbenen Lieben so lange betastete, bis seinem sonnambulen Bewusstsein die Inspiration einer automatisch zu schreibenden Antwort von einem zu der Frage und den Wünschen und Erwartungen des Fragstellers passenden Inhalt aufging (531—534, 707—709, 714—716). Da das betreffende Medium nicht immer unter Aufsicht von Zeugen arbeitete, so ist nicht ausgeschlossen, dass es in vielen Fällen durch Oeffnen und Lesen der Briefe seine psychometrische Inspiration unterstützt hat. Uebrigens wird die Psychometrie zunächst diejenigen Stimmungen, Gefühle, Erwartungen, Hoffnungen, Befürchtungen, Wünsche u. s. w. reproduciren, welche der Schreiber während der Niederschrift des Fragebriefes empfand; denn nur durch diese kann die in den Brief übergegangene persönliche Aura (Jäger'scher Duftstoff) beeinflusst gewesen sein. Erst mittelbar kann diese Reproduktion auch einem telepathischen Rapport in Bezug auf die gegenwärtigen Stimmungen des Schreibers zum Motiv werden (711).

Es scheint hier die Bemerkung nicht überflüssig, dass eine sich bewahrheitende Kundgebung über anscheinend dem Medium ganz fern liegende Personen und Ereignisse der Vergangenheit darum noch keineswegs aus einer hellsehenden Hallucination geschöpft zu sein braucht, sondern sehr wohl aus dem sonnambulen Gedächtniss des Mediums geschöpft sein kann, wenn sie im sonnambulen Zustand mitgetheilt wird, oder aus dem Gedächtniss des wachen Bewusstseins, wenn sie im wachen Zustande mitgetheilt wird. Das Medium kann auf seinen Reisen mit allerlei Leuten in's Gespräch gekommen sein, die ihm von ihren verstorbenen Eltern und Verwandten erzählt haben; es kann sich diese für einen andern gleichgültigen Angaben absichtlich für seinen Geschäftsbetrieb gemerkt oder unabsichtlich im wachen oder auch nur im sonnambulen Gedächtniss behalten haben. Es kann dann in einer späteren Sitzung sprechend oder schreibend oder klopfend einen fingirten Geist als redend einführen, welcher die im Gedächtniss behaltenen Angaben selbstbiographisch enthüllt, sei es dass das Medium mit wachem Bewusstsein spricht oder schreibt (wenn auch mit verstellter Stimme oder Handschrift) oder den Tisch durch willkürliche Druckbewegungen klopfen lässt, sei es dass sein sonnambules Bewusstsein unter dem autosuggestiven Wunsche nach derartigen Kundgebungen die Daten des sonnambulen Gedächtnisses in dieser Weise personificirt. Wenn dann das Medium ausdrücklich befragt wird, ob es von diesen Daten etwas gewusst habe, so muss es im ersteren Falle zur Lüge greifen, im letzteren Falle nur dann, wenn neben dem sonnambulen Gedächtniss auch das des wachen Bewusstseins die Daten erinnerungsfähig erhalten hat. Eine solche Lüge dürfte wenigen Medien, und nicht bloss den Berufsmedien, Gewissensbisse bereiten; sie scheint aber selten herausgefordert zu werden,

da die Cirkelsitzer meistens gläubig genug sind, um
das Schweigen des Mediums über diesen Punkt als
stillschweigende Bestätigung des wunderbaren Charakters der Leistung zu deuten. Oft genug sind denn auch
die Daten ungenau, (z. B. 7 Kinder statt 11 — S. 529
u. 530); aber darüber geht man als über etwas Un-
wesentliches hinweg, um über das Zutreffende desto
lebhafter zu erstaunen.

Es ist bekanntlich im besonderen Falle sehr schwierig, mit Sicherheit festzustellen, ob man es mit Betrug,
mit sensitiver Sinneswahrnehmung, mit sonnambuler
Gedächtnisshyperästhesie, mit Gedankenlesen aus dem
wachen oder sonnambulen Bewusstsein der Anwesenden, mit Telepathie, mit Kombinationen aller dieser
Erscheinungen, oder mit Hellsehen oder einer Kombi-
nation von Hellsehen mit den andern Erscheinungen
zu thun hat. Auch wenn unsre Erkenntniss der einzelnen Erscheinungsgebiete bedeutend weiter fortschrei-
ten sollte, wird diese Schwierigkeit niemals aufhören.
Will man sich über das Hellsehen klar werden, so
muss man eine Erscheinungsform desselben aufsuchen,
die wo möglich vor jeder Vermischung und Verwechselung mit den andern Erscheinungsgebieten durch ihre
eigenthümliche Beschaffenheit gesichert ist. Eine solche
Erscheinungsform des Hellsehens ist das Vorgesicht,
oder die wahrhafte Hallucination eines erst künftig ein-
tretenden Ereignisses, dessen Eintritt in dieser bestimmten Gestalt und unter diesen näheren Umständen von
keinem Lebenden vorausberechnet oder erschlossen
werden kann. Nur in dieser Erscheinungsform haben
wir mit Sicherheit das so zu sagen „chemisch reine"
Hellsehen, oder das Urphänomen und Fundamentalphänomen des Hellsehens.

Es ist bekannt, dass das Hellsehen eine relativ
sehr seltene Erscheinung unter den zahllosen mediumistischen Erscheinungen ist; es dürfte kaum bestritten
werden, dass unter allen Fällen des Hellsehens das
Vorgesicht bei weitem am häufigsten ist. Wir sind
demnach in der glücklichen Lage, dass die relativ
häufigste und gewöhnlichste Form des Vorkommens
zugleich das chemisch reine Urphänomen oder Fundamentalphänomen zeigt. Deshalb muss das genauere

Studium des Hellsehens unbedingt von dem Vorgesicht ausgehen, und jeder Erklärungsversuch des Hellsehens auf die Erklärung des Vorgesichts gebaut sein. Die Erkenntniss und die Erklärbarkeit der übrigen Formen des Hellsehens kann nur aus derjenigen des Vorgesichts durch analoge Uebertragung geschöpft werden. Jede Erklärung des Hellsehens, die auf das gewöhnliche Urphänomen des Vorgesichts nicht passt, muss falsch sein.

Dies ist aber der Fall bei dem Versuch, das Hellsehen durch die Geisterhypothese, d. h. durch telepathische Einflüsse Verstorbener zu erklären. Denn entweder sind die verstorbenen Geister nicht hellsehend in Bezug auf die Zukunft; dann können sie dem Medium nur dasjenige telepathisch mittheilen, was sie erlebt oder erfahren haben, also nichts beitragen zu einem Voraussehen zukünftiger Ereignisse. Oder aber die verstorbenen Geister sind hellsehend in Bezug auf die Zukunft, dann mögen sie allerdings ihre Vorausschau den Lebenden telepathisch mittheilen können. Das Problem des Hellsehens ist dann aber nicht gelöst, sondern nur von den Lebenden auf die Todten verschoben, wo es ebenso unerklärlich bleibt und noch viel unerklärlicher wird. Der Lebende hat doch ein deutlich erkennbares Interesse daran, die Zukunft seines Gehöftes, seines Dorfes, seiner Vaterstadt, seiner Verwandten, Freunde und Nachbarn vorauszusehen; der Geist eines Verstorbenen aber kann kein Interesse mehr an solchen irdischen Dingen haben, und selbst wenn er es hätte, so könnte er kein Interesse daran haben, den Lebenden seine Vorausschau telepathisch mitzutheilen und sie dadurch zu beunruhigen.

So wenig man durch das blosse Sterben selig werden kann, wenn man nicht schon vorher die ewige Seligkeit im Herzen getragen hat, ebenso wenig kann man durch das Sterben hellsehend werden, wenn man es nicht schon vorher in der Tiefe des eigenen Geistes war. Seinem Wesen nach ist der menschliche Geist auch jetzt schon ein ewiger, überzeitlicher und unzeitlicher, und kann dies durch das Sterben nicht in höherem Grade werden als er es schon ist. Seiner Lebensbethätigung nach muss er in jeder Art von individuellem Fort-Leben dem Gesetz des Werdens und der Entwickelung und damit auch der Zeitlichkeit unterworfen sein, wie er es im irdischen Leben ist. Jede Funktion ist an sich zeitlich, und jede Folge von Entwickelungsphasen muss eine zeitlich bestimmte sein. Es kann sich also durch das Sterben in keiner Hinsicht das Verhältniss des Individualgeistes zu Zeit und Ewigkeit ändern. Deshalb baut jeder Versuch, das Hellsehen verstorbener Geister aus einem veränderten Verhältniss derselben zu Zeit und Ewigkeit zu erklären, auf einer unhaltbaren Voraussetzung. Wenn also die Verstorbenen hellsehend sind, so müssen sie es auch als Lebende schon gewesen sein. Wenn aber die Lebenden schon hellsehend sein können, so brauchen sie wiederum die Hülfe der Verstorbenen nicht, und wenn die Verstorbenen das Hellsehen doch nur aus dieser Existenzform in jene mit hinübernehmen, so gilt es die Erscheinung hier zu erklären, nicht dort, — am Lebenden, wo wir sie vor uns haben, nicht am Verstorbenen, wo wir sie bloss nach Analogie der hiesigen Erfahrung supponiren.

Aus diesem Gesichtspunkt habe ich versucht, das Hellsehen am Lebenden zu erklären. Wer dem lebenden Menschen das unmittelbare Hellsehen abspricht, muss natürlich in jedem derartigen Erklärungsversuch eine gegenstandslose Bemühung sehen; ich glaube aber kaum, dass dies die Meinung des Herrn Aksakow ist. Wer dem lebenden Menschen das Hellsehen im Sinne des Vorgesichts zuerkennt, der mag meinen Erklärungsversuch unannehmbar finden, und entweder das Problem für unerklärlich halten, oder eine bessere Erklärung versuchen. Nur die Geisterhypothese kann nicht als Erklärung dienen, weil sie das Problem, anstatt es zu lösen, bloss um eine Stufe zurückschiebt, und dort als ebenso unerklärlich bestehen lässt. Wenn die Lebenden an und für sich schon hellsehend sind, so ist die telepathische Mitwirkung hellsehender Geister eine völlig überflüssige und grundlose Hypothese; wenn die Lebenden nicht hellsehend sind, so ist das supponirte Hellsehen der Verstorbenen nicht bloss ebenso, sondern doppelt unbegreiflich, und keine „vierte Dimension" und keine „transcendentalen Wahrnehmungsorgane" können an dieser Unbegreiflichkeit der zeitlichen Voraussicht der Geister etwas mildern. Das Hellsehen der Lebenden ist wenigstens ein der Beobachtung zugängliches und darum eher lösbares Problem; das Hellsehen der Verstorbenen ist ein bloss hypothetisches, entweder überflüssiges oder schlechthin unlösbares Problem, je nachdem man das Hellsehen der Lebenden daneben anerkennt oder leugnet. Die ganze Frage dreht sich also nur darum, ob das Hellsehen der Lebenden anerkannt wird oder nicht; aber sie hat gar nichts damit zu thun, ob dieses Hellsehen erklärlich oder unerklärlich ist, und welche Erklärung diesem oder jenem annehmbar scheint.

Herr Aksakow hat meines Wissens keinen Versuch gemacht, das Urphänomen des Hellsehens, das Vorgesicht, durch Geisterhülfe zu erklären; auch glaube ich nicht, dass er das unmittelbare Hellsehen des Menschen im Vorgesicht zu bestreiten beabsichtigt. Warum sollen wir dann aber nicht auch das „Rückgesicht" gelten lassen, warum für dieses die Geister Verstorbener bemühen? Ist es denn nicht eine viel wunderbarere Leistung, einen Ausschnitt der noch nicht seienden Zukunft mit anscheinend zufälligen Einzelzügen vorauszuschauen, als die einst wirklich gewesene Vergangenheit, die in Nachwirkungen aller Art, in geschichtlichen Urkunden und in dem geschichtlichen Wissen der Lebenden ihre gegenwärtigen Spuren hinterlassen hat, oder gar als die gegenwärtige Wirklichkeit, wenn auch eine räumlich entfernte? Ist den Lebenden die Fähigkeit des Vorgesichts nicht abzusprechen, so kann man ihnen das Geringere nicht abstreiten wollen, nachdem man ihnen das Grössere eingeräumt hat. Wo bleibt dann aber die Behauptung, dass die Leistungen des Hellsehens über die Fähigkeiten des lebenden Menschen hinausgehen?

Eine solche Ueberschreitung der Fähigkeiten des Mediums durch den Inhalt ihrer Kundgebungen habe ich nirgends und auf keinem Punkte der von Herrn Aksakow beigebrachten Beispielreihen gefunden, noch viel weniger im Bereiche der sensitiven Wahrnehmung, Gedächtnisshyperästhesie und Telepathie als in demjenigen des Hellsehens. Herr Aksakow stützt aber die Unentbehrlichkeit der Geisterhypothese grade auf diese Behauptung. Die Mitwirkung einer aussermediumistischen Intelligenz bei dem Zustandekommen des Kundgebungsinhalts soll durch den soeben besprochenen Abschnitt des Werkes festgestellt sein, und es handelt sich für Herrn Aksakow nun bloss noch um die nähere Beschaffenheit dieser Intelligenz (571—572). Da nun die Hypothese von überirdischen menschlichen Wesen von einer uns unbekannten Art als blosse abstrakte Möglichkeit bei Seite geschoben wird, und die Mitwirkung lebender menschlicher Wesen am Kundgebungsinhalt durch Vorstellungsübertragung und Telepathie zwar anerkennt, aber nicht für ausreichend befunden worden ist, so soll nur die Mitwirkung der Geister von verstorbenen Menschen übrig bleiben (572, 648—649). Man sieht, dass dieser ganze Induktionsbeweis in sich zusammenbricht, wenn ihm die Voraussetzung entzogen wird, auf der er ruht, nämlich die Behauptung, dass der Kundgebungsinhalt durch die Fähigkeiten des Mediums im geistigen Konnex mit andern lebenden Menschen nicht ausreichend zu erklären ist, sondern dieselben überschreitet. Damit fällt nämlich die aussermediumistische Intelligenz überirdischer Art hinweg, und damit auch der Antrieb, dieselbe näher zu bestimmen, d. h. den Geist eines Verstorbenen in ihr zu vermuthen.

Indessen ist die Geisterhypothese damit doch noch nicht definitiv erledigt, wie es den Anschein haben könnte. Beseitigt ist nur der Anspruch der Geisterhypothese, ein e i g e n e s Erklärungsgebiet zu besitzen, für welches die Erklärung durch die innermediumistischen Intelligenzen im Konnex mit Lebenden als schlechthin unzulänglich ausgeschlossen wäre. Nicht ausgeschlossen ist dagegen der Anspruch der Geisterhypothese, innerhalb des durch innermediumistische Intelligenzen erklärbaren Erscheinungsgebietes mit dieser Erklärungsweise zu konkurriren, und sich unter Umständen als die wahrscheinlichere von beiden möglichen Erklärungsarten zu erweisen. Dieser Wahrscheinlichkeitsvorzug der Geisterhypothese gegen die innermediumistische Erklärung soll begründet werden durch den Identitätsnachweis eines sich im Kundgebungsinhalt manifestirenden Geistes mit einem verstorbenen Menschen (650 — 651). Dieser Identitätsnachweis ist sonach die letzte Stütze der Geisterhypothese; wenn auch sie nicht haltbar ist, so verliert in ihr die Geisterhypothese ihren nunmehr einzigen Halt.

2. Der Spiritismus im engeren Sinne.

a. Der Identitätsnachweis der Geister.

Herr Aksakow giebt zu, dass die Frage der Identität der Geister der Stein des Anstosses im Spiritismus sei, dass die sich bewährenden Fälle so sehr selten und in der Regel mehr oder weniger mangelhaft sind (654), dass die Mehrheit der Thatsachen meist nur subjektiv überzeugend ist für die dabei interessirte Person (656), dass die subjektive Ueberzeugung fern von logischer Rigorosität sich auf einen Urtheilsspruch des Gefühls stützt (754) und dass der absolute Beweis der Identität auf eine Unmöglichkeit hinausläuft (753).

Damit ist eingestanden, dass die letzte Stütze der Geisterhypothese, der Identitätsbeweis, objektiv unerbringlich ist, und lediglich im subjektiven Gefühl der dabei Interessirten ruht. Hiermit könnte die Sache für abgethan gelten; denn mit subjektiven, auf blosse Gefühle gestützten Ueberzeugungen streitet die Wissenschaft nicht, so lange diese subjektiven Ueberzeugungen sich keine objektive Gültigkeit beimessen. Aber grade hierin liegt die Gefahr. Die subjektive Ueberzeugung verwechselt gar zu leicht die subjektiv „unwiderstehliche Gewalt" des Gefühlsimpulses (754) mit einer objektiven Beweiskraft, und die Nichtabsolutheit ihrer selbst mit einer Nichtabsolutheit objektiv gültiger Induktionen von einer Wahrscheinlichkeit über $\frac{1}{2}$. Die gefühlsmässige Ueberzeugung verknüpft phantasiemässig ohne Rücksicht auf die Forderungen der Logik; der objektive Wahrscheinlichkeitsbeweis dagegen geht streng nach logischen Gesetzen vor sich, wenn er auch wegen Unvollständigkeit der ihm zu Gebote stehenden Prämissen

nicht Gewissheit, sondern nur eine gewisse Wahrscheinlichkeit erzielt. Nur über objektive Wahrscheinlichkeiten
lässt sich mit logischen Waffen streiten, über subjektive
Gefühle nicht. Beides darf deshalb nicht verwechselt
oder mit einander vermengt werden; vielmehr besteht
die Aufgabe der wissenschaftlichen Reflexion wesentlich
darin, beides zu sondern und die objektiv gültigen Induktionen von bloss subjektiven Ueberzeugungen mit
rein gefühlsmässiger Sanktion zu sondern und zu rei-
nigen. Denn in der phantasiemässigen, der Logik spot-
tenden Verknüpfung und in der gefühlsmässigen Sanktion liegt die Quelle aller Vorurtheile.

Herr Aksakow räumt ein, dass bei dem Erblicken
eines Phantoms, das einem Verstorbenen ähnlich ist, für ein
ungeschultes Denken der Phantasieschluss auf die Identität
des Phantoms mit dem Verstorbenen das Nächstliegende,
Einfachste, Natürlichste und scheinbar Zwingendste
ist und dass dieser Phantasieschluss in den meisten
Fällen eine gefühlsmässige Sanktion erhalten wird;
gleichwohl giebt er zu, dass dieser Schluss voreilig und
objektiv unhaltbar ist und durch die wissenschaftliche
Reflexion berichtigt werden muss (642). Genau in demselben Sinne räume ich ein, dass eine Kundgebung, im
Namen eines Verstorbenen, deren Inhalt dem intimen
Interessenkreise eines Verstorbenen angehört, oder dessen
stilistische Ausdrucksweise oder Handschrift zeigt, für
ein ungeschultes Denken den Phantasieschluss nahelegt,
der Geist des Verstorbenen selbst bewirke diese Kundgebung, und dass dieser Phantasieschluss leicht eine
gefühlsmässige Sanktion erhält. Ich behaupte aber,
dass der Phantasieschluss hier ebenso voreilig und unhaltbar ist wie dort, und dass die analogen wissenschaftlichen Reflexionen auch hier diese Unhaltbarkeit
blosslegen.

Herr Aksakow führt vier formelle Merkmale auf,
durch die ein sich manifestirender Geist seine Identität
mit einem verstorbenen Menschen soll legitimiren können:
Sprache, Schrift, Orthographie und körperliches Aussehn (655); dazu kommt dann als inhaltliches Merkmal
die Mittheilung von später bewahrheiteten Thatsachen,
die nur dem Verstorbenen bekannt sein konnten. Diese
Merkmale sollen objektive Beweiskraft haben, wenn sie

entweder in Abwesenheit der interessirten Person auftreten, oder solche Züge an sich tragen, welche auch
die Anwesenheit der interessirten Person nicht zu beeinflussen vermag; sie sollen absolute Beweiskraft haben,
wenn sie beide Bedingungen vereinigen (656). Herr
Aksakow schreibt ihnen objektive, beziehungsweise absolute Beweiskraft offenbar nur zu erstens unter der
selbstverständlichen Voraussetzung, dass das sonnambule
Gedächtniss des Mediums nicht über die zur Darstellung
gelangenden Merkmale verfügt, auch nicht im Stande
ist, sich dieselben durch Gedankenlesen aus dem sonnambulen Gedächtniss eines der Anwesenden oder durch
Anknüpfung eines telepathischen Rapports mit einem
abwesenden Lebenden, oder durch Hellsehen zu verschaffen. Ein flüchtiger Blick zeigt, dass die Prüfung
der Beispiele auf diese stillschweigend gemachten Voraussetzungen von den Berichterstattern gänzlich ver-
säumt ist, und dass Herr Aksakow meistens gar nicht
in der Lage war, diese Versäumniss der Berichterstatter
nachzuholen. Deshalb können alle diese Fälle objektiv
gar nichts beweisen.

Ueber die Leichtfertigkeit, mit welcher die Berichterstatter die Unbekanntschaft der Medien mit fremden
Sprachen blindlings voraussetzen oder ihnen auf's Wort
glauben, habe ich mich schon oben geäussert. Das
Gleiche gilt für die Leichtfertigkeit, mit welcher sie an
die Unbekanntschaft der Medien mit der Fingersprache
der Taubstummen, mit dem telegraphischen Morse-
Alphabet, oder mit der eigenthümlichen Ausdrucksweise, Handschrift und Orthographie eines Verstorbenen
oder mit einer einzelnen charakteristischen Aeusserung
desselben glauben, ohne jeden Versuch, dieser Haupt-
bedingung näher nachzuforschen. Die Berichterstatter
stützen sich mit Unrecht darauf, dass die Kenntniss
des Stils oder der Sprechweise, oder der Handschrift
eines Verstorbenen für das wache Bewusstsein eines
Menschen nicht genügt, sie nachzuahmen; denn sie
übersehen dabei zweierlei. Erstens verfügt das sonnambule Bewusstsein über ein viel genaueres Detail-
gedächtniss und Formengedächtniss und über eine
ungleich grössere, gleichsam automatische Nachahmungs-
gabe und schauspielerisches Vermögen, und zweitens

hat das wache Bewusstsein bei längeren Versuchsreihen Zeit und Gelegenheit genug, sich Stilarten und Handschriften einzuüben, fremdsprachige Kundgebungen vorzubereiten, und dabei sogar die Beihülfe Dritter, die mit den Sprachen vertraut sind, zu benutzen, und kann dadurch die Hülfsmittel des sonnambulen Bewusstseins bedeutend vermehren und verbessern.

Herr Aksakow unterlässt meistens die·Hinzufügung der von den Berichterstattern vergessenen Kritik. Er erklärt z. B. einen Fall für einen in seinen Augen absoluten Identitätsbeweis, wo ein Medium fünf Jahre lang mit einem Herrn in 388 Sitzungen experimentirte, mit der Handschrift seiner Frau schrieb und ein Mal sogar eine Karte mit französischen Sätzen beschrieb (668—670, 749). Sollte es wirklich dem Medium, das das volle Vertrauen des Wittwers genoss, so schwer geworden sein, sich Briefe oder Aufzeichnungen der Verstorbenen zur Ansicht zu verschaffen, und ein Paar von einem Dritten in's Französische übersetzte Sätze zum Zweck der mediumistischen Niederschrift auswendig zu lernen? In ähnlichen Fällen sieht man sogar, dass die ersten Schreibversuche eine unvollkommene Aehnlichkeit der Handschrift zeigen, welche im Laufe der Zeit mit der Uebung (wohl auch einsamer häuslicher) steigt (673). Nur ein Mal bemerkt Herr Aksakow, dass ein eng vertrauter Zimmer- und Bettgenoss sich wohl hätte Zugang zu den Briefen der Mutter verschaffen können, deren Handschrift er mediumistisch nachahmte (678). In einem andern Beispiel, wo es sich nur um eine einmalige Kundgebung handelt, schreibt das Medium fernwirkend auf der unter den Tisch gehaltenen Tafel, während der Interessirte seine Hand unter die die Tafel haltende Hand des Mediums legt; hier sind die physikalischen Bedingungen für die Vorstellungsübertragung, beziehungsweise für die unbewusste mediumistische Mitwirkung des Interessirten besonders günstig (671—672). In keinem der Beispiele hat eine Vergleichung der Handschriften durch Schreibverständige und eine Begutachtung durch solche stattgefunden; oft ist auch bloss von einer gewissen allgemeinen Aehnlichkeit und von einer auffallenden Uebereinstimmung einzelner Buchstaben die Rede. Ohne Zweifel

wird die Aehnlichkeit der Handschriften um so grösser
sein, je länger die Medien Zeit gehabt haben, sich auf
die Nachahmung einzuüben; aber auch die unvollkom-
menste Aehnlichkeit wird von dem Gläubigen als Iden-
titätsmerkmal mit dem theuren Verstorbenen willkommen
geheissen, und schwerlich dürfte selbst die beste derartige Imitation vor den Blicken eines kundigen Schreib-
verständigen forensische Aucthenticität haben.

Herr Aksakow konstatirt, keinen Fall zu kennen,
in dem bei Abwesenheit einer interessirten und mit
der Handschrift vertrauten Person eine ganze Mittheilung in der Handschrift eines Verstorbenen erhalten
worden wäre; er führt aber ein Beispiel an, welches
eine Aehnlichkeit in der ungewöhnlichen Form einzelner
Buchstaben zeigt (678—682). Ich lasse es dahin gestellt, ob hier bloss der Zufall sein Spiel getrieben hat,
oder ob die sonnambule Traum-Phantasie des Mediums
mit dem Bilde eines alten Priesters, der ihm einen Satz
in alterthümlichen geistlichen Redewendungen sagt,
auch unwillkürlich alterthümliche, bei älteren russischen
Geistlichen vielleicht öfter vorkommende Buchstaben-
formen associirte.

Was die letzte formale Bedingung, die Aehnlichkeit der äusseren Erscheinung eines Phantoms mit dem
Verstorbenen betrifft, so habe ich schon oben in der
Einleitung konstatirt, dass die Objektivität oder Subjektivität, Realität oder Idealität des Phantoms für den
Identitätsnachweis vollkommen gleichgültig ist, und es
nur auf die Aehnlichkeit als solche ankommt. Das
Gefühl des Mediums von Halsschmerzen, Frost oder von
erstickendem Rauch, welches associativ durch die Vorstellung der einstigen Todesart der bezüglichen sonnambulen Traumfigur hervorgerufen wird (724—728), liegt
noch ganz auf der inneren, psychischen Seite, und
kann man nicht wohl sagen, dass es zur psychischen
Aeusserlichkeit hinüberleite, wie Herr Aksakow thut
(751). Wenn das, gleichviel ob subjektive oder objektive Phantom der Erscheinung, die der Verstorbene bei
Lebzeiten hatte, ähnlich ist, so kommt das nach der
spiritistischen Hypothese daher, dass der Geist sich
seines eignen früheren Aussehens erinnert und dieses
Bild (sammt etwaigen Gebrechen, zerrissenen Klei-

dern u. s. w.) telepathisch in das sonnambule Bewusstsein des Mediums überträgt, und das Medium nun seinerseits dieses empfangene Bild entweder aus seinem organischen Stoff verkörpert (d. h. seinen Doppelgänger nach Maassgabe dieses Bildes modelt), oder aber es als Hallucination in das Bewusstsein der Anwesenden überträgt. Nach meiner Annahme hingegen würde es daher kommen, dass der an diesem Verstorbenen interessirte Cirkeltheilnehmer das Bild des Verstorbenen in seinem wachen, und noch schärfer in seinem sonnambulen Gedächtniss bewahrt und durch bewussten oder unbewussten Wunsch erweckt hat, dass er zugleich durch diesen bewussten oder unbewussten Wunsch dem Medium eine Mentalsuggestion zugeführt hat, welche dasselbe veranlasst, dieses Bild aus dem sonnambulen Bewusstsein des Theilnehmers in das seinige herüberzuholen und dann weiter zu verfahren, wie vorhin bemerkt.

Bekanntlich hat niemand ein deutliches Bild von seiner persönlichen Gesammterscheinung, und jedenfalls ein undeutlicheres und mangelhafteres als irgend ein Dritter. Es muss daher dem Cirkeltheilnehmer leichter werden, das Bild des Verstorbenen neu zu beleben als dem verstorbenen Geiste selbst. Wenn jemand bei Lebzeiten in seiner Erscheinung unsymmetrisch war, z. B. eine rechte hohe Schulter, oder eine dicke Backe oder einen linken verkürzten Fuss oder ein fehlendes Auge oder einen stets auf einer Seite sitzenden Scheitel hatte, so muss diese Asymmetrie im Phantom richtig auftreten, wenn das Medium das Bild desselben aus einem Dritten geschöpft hat, aber verkehrt, wenn es das Bild von dem Geiste des Verstorbenen empfangen hat. Denn der Verstorbene kannte seine Gesammterscheinung, insbesondere sein Gesicht, bei Lebzeiten nur aus seinem Spiegelbilde, und kann deshalb auch nur sein Spiegelbild aus dem Gedächtniss reproduciren. Von einer solchen Umkehrung von rechts und links in den Phantomen Verstorbener habe ich noch niemals etwas gelesen, und halte damit allein die Geisterhypothese für widerlegt.

Herr Aksakow räumt ein, dass die Aehnlichkeit als solche nur dann etwas beweisen könne, wenn sie in

Abwesenheit einer den Verstorbenen kennenden Person auftritt. Ein solcher Fall in Bezug auf ein den Beisitzern sichtbares Phantom ist ihm nicht bekannt; er führt statt dessen ein Beispiel an, in welchem das Medium nach dem Erwachen das Traumbild einer jungen Dame beschreibt, und diese später in einem Frauenporträt wieder zu erkennen glaubt (731 — 732). Nun war aber während dieser Vision das sonnambule Bewusstsein des Mediums mit der Erinnerung an eine frühere Sitzung beschäftigt, wie aus den automatisch geschriebenen Mittheilungen hervorging, und bei dieser früheren Sitzung war die Mutter der fraglichen jungen Dame zugegen gewesen. Was liegt da näher als die Vermuthung, dass auch das Traumbild der jungen Dame nur eine wiederauftauchende Reminiscenz aus dem Traum der vorhergehenden Sitzung war, und dass in dieser das Bild aus dem sonnambulen Bewusstsein der Mutter in dasjenige des Mediums übertragen war. In der letzten Sitzung hatte sich zufälliger und ungewöhnlicher Weise das Medium seines Traumbildes nach dem Erwachen erinnert, in der vorhergehenden nicht; in den automatischen Schreibmanifestationen der zweiten Sitzung war von dem gleichzeitig bestehenden Traumbild so wenig die Rede wie in denen der ersten. Dieses Beispiel zeigt auch, in welcher engen Verbindung schriftliche Kundgebungen oder Klopfmittheilungen zu gleichzeitig bestehenden Hallucinationen sich befinden können, ohne dass von dem gleichzeitigen Bestehen der Hallucination in der Kundgebung durch Worte etwas zu merken ist; es bestätigt dies, wie leicht telepathische Eindrücke, welche vom Medium den Anwesenden durch Worte mitgetheilt werden, in hallucinatorischer Gestalt empfangen sein können.

Während die Photographie das entscheidende Merkmal für die objektive Realität oder subjektive Idealität der Phantome darbietet, ist sie für die Feststellung der Aehnlichkeit mit Verstorbenen wenig geeignet, weil sie farblose, stark verkleinerte und meist recht undeutliche Bilder liefert. Ein gläubiges Gemüth mag in einer zufällig beim Photographen aufgefundenen Geisterphotographie eine Aehnlichkeit mit einem theuren Verstorbenen erblicken (740—741); aber diese Aehnlichkeit

wird wohl meistens über diejenige einer Wolke mit
einem Kameel nicht hinausgehen. Zufällige Aehnlichkeiten eines Bildes mit einem Lebenden finden sich
auch sonst nicht ganz selten, jedenfalls weit häufiger
als die doch auch vorkommenden Aehnlichkeiten
zwischen zwei lebenden Menschen, die zu Verwech-
selungen führen. Deshalb beweisen solche vermeint-
lichen Aehnlichkeiten von Photographien mit Verstorbenen noch weit weniger als die Aehnlichkeit von
Handschriften. Uebrigens ist das Gebiet der Geisterphotographie der Tummelplatz des raffinirtesten Schwin-
dels und der frechsten Ausbeutung gewesen und die
wenigen hier angeführten Beispiele beziehen sich theils
auf notorische Schwindler (733, 737, 739, 750), theils
sind sie in der Art ihrer schrittweise vorgehenden Ausführung äusserst verdächtig (735—736).

Herr Aksakow giebt zu, dass die Literatur keine
Materialisationserscheinungen von Verstorbenen in Abwesenheit einer mit ihrem Aussehen bekannten Person
aufweist, und erklärt dies daraus, dass dazu jedes Motiv
fehlen würde (751—752). Indessen wäre die Photographie gerade in diesem einzigen Fall berufen als
Vermittler einzutreten, und ein Geist, wenn er den
Wunsch hat, seine Existenz durch die Aehnlichkeit
seiner Erscheinung zu bezeugen, könnte dies nicht
zweckmässiger thun, als dadurch, dass er die von ihm
vermittelst des Mediums materialisirte Erscheinung
photographiren, und diese Photographie von den abwesenden mit seinem früheren Aussehn bekannten Personen rekognosciren liesse. Freilich müssten zu dem
Zwecke bessere Photographien geliefert werden als
bisher.

Nach alledem ist es bisher nicht gelungen, durch
formale Merkmale der Kundgebungen für die Identität
einen Wahrscheinlichkeitsbeweis von objektivem Werthe
zu führen; weder Sprache noch Handschrift noch Aehnlichkeit der Erscheinung haben sich in Abwesenheit
der interessirten Person kundgegeben, aus deren sonnambulen Gedächtnissinhalt das Medium sie schöpfen
konnte. Es bleibt nunmehr nur noch der letzte Rekurs
auf den geistigen Gehalt der Kundgebungen zu besprechen übrig.

Wir haben schon oben gesehen, wie verblüffende
Wirkungen auf die Cirkeltheilnehmer eine geschickte
Einkleidung zufälliger Personal-Kenntnisse und Erfahrungen eines Mediums gewinnen kann, wenn sie von
ihm in die Form einer direkten Geisterkundgebung gebracht werden und nachher Bestätigung finden. Wenn
die Personen, auf welche diese Mittheilungen sich beziehen, allen Anwesenden unbekannt sind, so scheint
das den Werth der Kundgebung zu erhöhen, macht
es aber nur um so wahrscheinlicher, dass dem Medium,
wenn nicht die verstorbenen Personen selbst, so doch
die Notizen über ihr Leben bekannt waren, und dass
sein waches oder sonnambules Bewusstsein diese Kenntniss geschickt verwerthet hat. Dass das sonnambule
Traumbewusstsein überhaupt die personificirende Einkleidung liebt, ist zu bekannt, um ihr irgend welche
Beweiskraft für die Wahrheit solcher Hallucinationen
beizulegen. Oft genug ist die Traumfigur, welcher die
Mittheilung vom sonnambulen Bewusstsein in den Mund
gelegt wird, eine andre Person als diejenige, auf welche
sich die Mittheilung bezieht; gewöhnlich steht sie dann
aber mit der letzteren in irgend welcher Vorstellungs-
verknüpfung, durch deren associativen Einfluss gerade
sie zur Botin und Ueberbringerin der Mittheilung her-
vorgezaubert wird.

Auch im gewöhnlichen Traum verkehren wir mit
längst Verstorbenen wie mit noch Lebenden; kein
Wunder, dass sich diese Gewohnheit auch in die mediumistischen Träume des sonnambulen Bewusstseins fort-
setzt und bald Verstorbene, bald auch Lebende als
Ueberbringer von Mittheilungen auftreten. Auch die
Verstorbenen werden dann meist solche Personen sein,
die für das Medium in associativer Beziehung zu der
die Mittheilung betreffenden Person stehn. Ein geister-
gläubiges Medium wird sogar den unwillkürlichen Trieb
haben, die Verstorbenen vor den Lebenden zu bevor-
zugen, und wird dazu unwillkürlich noch mehr getrieben, sobald es bemerkt, dass die von Verstorbenen
überbrachten Botschaften dem geistergläubigen Theil-
nehmerkreise werthvoller, interessanter und ehrwürdiger
erscheinen.

Diese Personifikation des Boten ist unabhängig

davon, ob der Inhalt der Mittheilung aus dem eigenen Gedächtniss, oder aus dem Vorstellungskreise der Anwesenden geschöpft oder durch telepathischen Rapport oder Hellsehen gewonnen ist. Beim telepathischen Rapport kann der lebende Träger des Rapports selbst als mittheilende Traumfigur im sonnambulen Bewusstsein des Mediums auftreten, womit dann die Telepathie in „Telephanie" übergeht; es kann aber auch die Traumfigur, der die Mittheilung in den Mund gelegt wird, eine ganz andere Person sein, als diejenige, mit welcher der telepathische Rapport besteht. So kleidet z. B. in einem Falle, den Herr Aksakow als einen der zwingendsten zu Gunsten der spiritistischen Hypothese betrachtet, das Medium den telepathischen Einfluss eines ihr bekannten, in nihilistische Umtriebe verwickelten Studenten in die Personifikation der Braut seines am Nihilismus zu Grunde gegangenen Bruders, die sich wenige Tage vorher aus Kummer und Verzweiflung das Leben genommen hat, und die von dem Medium bei ihren Lebzeiten zwar wenig gekannt aber bewundert und aus der Ferne angeschwärmt worden war (692—701). Man kann sich kaum eine näher liegende Traumfigur als Botin der telepathischen Mittheilungen denken.

So lange man den lebenden Menschen zu finden vermag, durch Rapport mit welchem die telepathische Erlangung von Kenntnissen möglich ist, so lange wird man nicht berechtigt sein, zu dem Rapport mit Verstorbenen zu greifen, da einer bekannten und thatsächlich existirenden Ursache unbedingt der Vorzug gebührt vor einer bloss ad hoc angenommenen Ursache von hypothetischer Existenz. Es ist wahr, dass ein Rapport zwischen Lebenden entweder irgend welche direkte oder indirekte Gemüthsbeziehungen oder eine sinnliche Vermittlung (psychometrische Anknüpfung) voraussetzt; aber diese Bedingungen sind fast in allen gegebenen Beispielen als erfüllt erkennbar, auch da, wo Herr Aksakow das Gemüthsinteresse vermisst. So z. B. liegt bei dem „Geisterpostmeister" (706—716) die psychometrische Anknüpfung des Rapports durch Briefe ebenso deutlich zu Tage, wie in dem Falle Owens, wo sein Buch und zwei Briefe von seiner Hand einen fortschreitenden telepathischen Rapport mit ihm auf Seiten des sie empfangenden und für das Buch und seinen Autor begeisterten Mediums hervorbringen (684—686). Dass diese telepathischen Einflüsse sich für das Medium in die Gestalt einer verstorbenen Freundin Owens kleiden, ist um so weniger zu verwundern, als Owens Phantasie beständig mit dem Bilde dieser Freundin beschäftigt war.

Zwei Schwestern sind gewiss vertraut genug mit einander zu telepathischem Rapport, zumal wenn sie beide als Medien thätig sind; wenn beide gewöhnt sind, die Kundgebungen ihres sonnambulen Bewusstseins auf die Traumfigur ihres verstorbenen Bruders als Urheber zu beziehen, und beide im spiritistischen Sinne an die Realität dieses Geistes glauben, so versteht es sich für sie von selbst, dass dieser Geist nicht bei ihnen beiden zugleich sein kann, wenn sie gleichzeitig an verschiedenen Orten „arbeiten", sondern nur abwechselnd bei je einer von ihnen. Es liegt also nahe, dass der telepathische Rapport, welcher der einen von ihnen ankündigt, dass der Geist eben bei der andern sei, sie zugleich unwillkürlich verhindert, zu derselben Zeit ihre eigenen Kundgebungen auf die Anwesenheit dieses Geistes zu beziehen. Uebrigens erweckt der Bericht den lebhaften Verdacht, dass diese Behinderung des Geistes sammt ihrer brieflichen Bestätigung ein vorher zwischen den Schwestermedien abgekartetes Manöver gewesen sei (454—455), ähnlich wie die identischen Kundgebungen zweier andern Schwestermedien in getrennten Zimmern desselben Hauses (462—463).

Nun kann es ja vorkommen, dass ein Interesse des Mediums an dem Rapport mit einer bestimmten Person nicht auffindbar ist, weder ein direktes noch ein indirektes in dem oben näher bezeichneten Sinne. Dann wäre doch immerhin die Behauptung sehr voreilig, dass ein solches Interesse nicht existire; denn wer das behaupten wollte, der müsste sich zum Herzenskündiger aufwerfen und bestreiten, dass ein anderer Mensch Interessen haben könnte, die er nicht durchschaute. Ich habe schon oben erwähnt, wie wenig die vorhandenen Interessen von den Berichterstattern gewürdigt werden, wenn Nachbarschaft, Freundschaft, abgelehnte

Bewerbung u. dgl. nicht als Interessen gelten sollen. Aehnlich geht es auch Herrn Aksakow mit dem Fall des nihilistischen Studenten, wenn er sagt: „hier existirt, wie wir wissen, kein gemüthlicher Rapport" (702). Aber das Medium war tief erschüttert durch die Verurtheilung und Tödtung des geliebten Vetters ihrer angeschwärmten jungen Freundin und deren Selbstmord und kannte den überlebenden Bruder des zu Grunde Gegangenen ebensowohl persönlich, als sie sich für die nihilistische Bewegung, sei es um der Sache willen, sei es um der Begeisterung der Freundin willen, interessirte. Ob daneben nicht noch ein tieferes persönliches Interesse für den Studenten in ihr aufgekeimt war, kann Herr Aksakow schwerlich wissen, da junge Mädchen dergleichen geheim zu halten pflegen. Jedenfalls hätte die persönliche Bekanntschaft und das Interesse für die gemeinsame Freundin so wie für die nihilistische Bewegung hingereicht, ihre Gedanken auf den Studenten hinzulenken. Diesem mochte bei dem Besuch nihilistischer Versammlungen beklommen genug zu Muthe sein, da er die möglichen Folgen an seinem Bruder vor Augen hatte; gerade mit dieser Beklommenheit fielen aber die Sitzungen des Mediums zusammen, in denen sich der telepathische Einfluss in die Person der vor wenigen Tagen gestorbenen Freundin kleidete. So fehlt es in diesem Berichte keineswegs an Anhaltspunkten zu einer Reduktion des Vorganges auf blosse Telepathie mit symbolisch-personifaktorischer Einkleidung, während Herr Aksakow in ihm einen so absoluten Identitäts-Beweis erblickt, als ein Beweis solcher Art im Allgemeinen möglich ist (603).

Eine Konkurrenz der Geisterhypothese mit dem telepathischen Einfluss Lebender scheint so lange ausgeschlossen, wie die Möglichkeit offen steht, die betreffenden Mittheilungen aus dem Vorstellungskreise Lebender zu schöpfen. Ein Medium ist stets daran interessirt, wunderbare thatsächliche Mittheilungen aufzutreiben, durch die es die Anwesenden in Verwunderung setzen und seinen Ruf erhöhen kann. Fehlt nun der Auftrag, über bestimmte Dinge und Personen Auskunft zu geben, ist vielmehr der Phantasie des Mediums Vollmacht gegeben, wo und über wen es

wunderbare Mittheilungen auftreiben will und mag, so
kann im Medium die unbestimmte Autosuggestion wirk-
sam werden, irgendwo und mit irgendwem einen telepathischen Rapport anzuknüpfen. Das sonnambule Bewusstsein kann dann gleichsam auf die Suche nach
einem telepathischen Rapport, gleichviel mit wem, ausgehen, und wird alsdann da am ehesten Anknüpfung
finden, wo die körperlichen Vorbedingungen, speciell
die Beschaffenheit des Nervensystems, und die zeitweilige Stimmung diese Anknüpfung erleichtert.

Knüpft es z. B. Rapport an mit einem übelwollen-
den Schuldner, den das böse Gewissen plagt, weil er
den Erben eines Verstorbenen die schuldige Rück-
zahlung vorenthalten hat, so kann sich dieser telepathische Einfluss zu einer Mittheilung des Verstorbenen
über die ihm vorenthaltene Summe personificiren. Noch
günstiger wird die Gemüthsstimmung für den anzu-
knüpfenden Rapport sein, wenn die Gewissensangst
sich auf eine Unterschlagung unter Missbrauch einer
autoritativen Vertrauensstellung bezieht (505—508).
Findet er dagegen einen armen Handwerker, dessen
sonnambules Bewusstsein die Erinnerung an eine (vielleicht vom wachen Bewusstsein zeitweilig vergessene)
Forderung an einen Verstorbenen bewahrt, so kann
dieser telepathische Einfluss sich einkleiden in die Auf-
forderung des Verstorbenen, diese Schuld zu bezahlen.
(690—691). Das Interesse eines Anwesenden, die Nach-
lassverhältnisse seines verstorbenen Bruders zu reguliren,
kann dem Medium, mit welchem zu dem ausgesprochenen
Zweck solcher Kundgebungen eine Sitzung arrangirt
wird, den autosuggestiven Wunsch erwecken, mit den
Personen in telepathischen Rapport zu treten, welche
dem Verstorbenen noch etwas schulden oder noch etwas
von ihm zu fordern haben; das Suchen telepathischer
Rapporte wird dann also durch ein bestimmtes Interesse auf eine gewisse Zahl von Fährten gesetzt. Zur
Verfolgung dieser Fährten scheint allerdings eine Art
von unterstützendem Hellsehen ähnlich wie bei jeder
Anknüpfung eines Rapports durch indirektes Interesse
erforderlich; aber dieses Hellsehen wirkt nur vorberei-
tend für die Anknüpfung des Rapports und macht der
Telepathie Platz, sobald der Rapport hergestellt ist.

Die thatsächlichen Mittheilungen selbst werden hier nicht durch Hellsehen gewonnen, sondern telepathisch aus dem Bewusstsein lebender Menschen geschöpft.

Das Hellsehen würde für die Gewinnung des Kundgebungsinhalts erst dann in Frage kommen und mit der Geisterhypothese in Konkurrenz treten, wenn die Gewinnung desselben durch telepathischen Rapport mit Lebenden ausgeschlossen ist, d. h. wenn es sich um Thatsachen handelt, die keinem Lebenden bekannt sind, und auch nicht durch sensitive Wahrnehmung und psychometrische Rekonstruktion gewonnen werden können. Solche Fälle weiss Herr Aksakow nur in verschwindend kleiner Zahl zusammenzutragen, und bei genauerer Prüfung erweist sich keiner derselben als stichhaltig.

Auf S. 510 wird angegeben, dass das Testament eines Baron Paul von Korf zu Warschau trotz aller Nachforschungen nicht zu finden war, und dass es lediglich in Folge einer mediumistischen Kundgebung in einem geheimen Fache gefunden wurde. Auf S. 687—688 wird aber diese Angabe dahin berichtigt, dass das Testament bereits gefunden war, als die in der Ferne erfolgte mediumistische Kundgebung durch einen Brief zur Kenntniss des Erben gelangte. Dieser Brief ist nicht mehr auffindbar, also auch nicht festzustellen, ob die mediumistische Kundgebung über das Geheimfach vor oder nach der Auffindung erfolgt ist, oder vielleicht gerade während derselben, als der Erbe über den glücklichen Fund erregt und erfreut war. Man sieht aus dieser doppelten Version, deren erste auf Hellsehen und deren zweite nur auf telepathischen Rapport hinweist, wie vorsichtig man bei der Abfassung und Beurtheilung solcher Berichte sein muss. Der Fall Swedenborg's mit der aufgefundenen Quittung dürfte sich ähnlich erklären lassen.

In einem dritten Fall, auf den Herr Aksakow ganz besonderen Werth legt (718), wird die Aufmerksamkeit des Mediums in Philadelphia psychometrisch auf den Namen einer Frau gelenkt, die vor einigen Tagen unter ungewöhnlichen Umständen in Omaha, sei es von eigner Hand, sei es von ihrem Gatten, erschossen war.

Ohne Zweifel hatte das Medium diese neueste Sensationsgeschichte brühwarm in der Zeitung gelesen oder von Zeitungslesern erzählen und besprechen hören. Das Medium scheint nun an Gattenmord geglaubt zu haben, und personificirte diese Ueberzeugung zu einer feierlichen Erklärung der Getödteten. Der Gatte wurde darauf am andern Tage verhaftet, aber, wie es scheint, später freigesprochen. Der Bericht verschweigt den letzteren Umstand, lässt ihn aber zwischen den Zeilen lesen (719—720), obwohl seine Anführung doch sehr wichtig war. Denn wenn der Gatte nicht der Mörder war, so hat entweder der Geist der Getödteten gelogen, was in so feierlicher Weise doch auf einen recht schlechten Charakter schliessen liesse, oder der Geist war nur die Personifikation der Ueberzeugung des Mediums.

Viertens soll der „Geisterpostmeister" in seiner schriftlichen Beantwortung der Briefe an Geister Thatsachen mitgetheilt haben, welche den Briefschreibern unbekannt waren und erst durch Nachfrage bei Dritten bestätigt werden mussten (713). Herr Aksakow führt aber keine solche Beispiele an, so dass zu vermuthen ist, dass sie hinter den schon angeführten zurückstehen dürften. Ausserdem handelt es sich hier nicht um Thatsachen, die keinem Lebenden bekannt sind, sondern um solche, die vielen Lebenden bekannt sind, nur dem Briefschreiber nicht, vielleicht auch bloss nicht einem wachen Bewusstsein. Ein telepathischer Rapport mit den Eingeweihten durch Vermittelung des indirekten Interesses wäre hier ebensowenig ausgeschlossen, wie geflissentliche Erkundigungen des Mediums bei den Eingeweihten zwischen Empfang und Beantwortung der Briefe. Giebt doch Herr Aksakow selbst zu, dass bei diesem Medium alle Erklärungen, selbst ohne Ausnahme derjenigen des Betruges ihren Platz nach den Umständen des gegebenen Falles erhalten müssen (716), und dass es an einer vergleichenden Statistik der zutreffenden, nichtssagenden und unpassenden Antworten gänzlich fehlt.

Der auf S. 509 erwähnte Fall ist so allgemein und unbestimmt gehalten, dass man zu solchen Orakeln nur ein wenig Muth zum Rathen braucht; der auf

S. 505—508 angeführte ignorirt eben die Kenntniss des Schiffskapitäns von den fraglichen Thatsachen und sein böses Gewissen wegen der begangenen Unterschlagung. Damit sind die Beispiele, die Herrn Aksakow zu Gebote standen, erschöpft. Sieht man von dem unkontrolirbaren Falle Swedenborg's ab und beschränkt man die Betrachtung auf das neuere Material, so ist kein einziges Beispiel beigebracht, in welchem es feststände, dass die vom Medium kundgegebene Thatsache keinem Lebenden bekannt war, oder dass die Anknüpfung eines telepathischen Rapports mit solchen Lebenden, denen sie bekannt war, ausgeschlossen war. Es ist demnach überhaupt kein Beispiel aufgeführt, in welchem. es sich um eine Konkurrenz zwischen eigentlichem Hellsehen und Geistermittheilung handeln könnte. Vielmehr stimmen alle von Herrn Aksakow angeführten Beispiele darin überein, dass nur telepathischer Rapport mit Lebenden und solcher mit Verstorbenen zur Auswahl steht, wofern nicht noch einfachere Erklärungen genügen.

Die zu treffende Wahl scheint aus logischem Gesichtspunkt nicht zweifelhaft, um so weniger, als es nur eine recht kleine Zahl von Beispielen ist, in denen überhaupt von einer ernsthaften Konkurrenz des Geisterrapports mit dem irdischen telepathischen Rapport die Rede sein kann. Dabei ist immer vorausgesetzt, dass die Thatsachen richtig beobachtet und genau wiedergegeben sind, was durchaus nicht von der Mehrzahl der Berichte vorausgesetzt werden kann, am wenigsten von denjenigen, bei welchen es sich um eine Anknüpfung des telepathischen Rapports durch ein indirektes Interesse handelt. Die Zahl dieser Berichte müsste bedeutend vermehrt und ihr Gewicht durch kompetente Beobachter verstärkt werden, bevor man den Thatsachen auch nur so weit Glaubwürdigkeit zugestehen kann, um sich eingehender mit ihrem theoretischen Studium zu befassen. In demselben Maasse schwebt vorläufig die konkurrirende Hypothese des Geisterrapports in der Luft, so weit es sich um Beispiele mit eventueller indirekter Anknüpfung eines irdischen Rapports handelt; soweit aber direkter telepathischer Rapport mit Lebenden vorausgesetzt werden darf, kann von einer

Konkurrenz der Geisterhypothese von vornherein wohl nicht die Rede sein.

Nach alledem ist es mit dem von Herrn Aksakow beigebrachten Material unmöglich, die Geisterhypothese vermittelst eines Identitätsnachweises zu begründen; denn dieser Identitätsnachweis lässt sich weder in absolut zwingender Form noch auch durch objektiv gültige Aufzeigung einer überwiegenden Wahrscheinlichkeit erbringen, und der Versuch zu einem solchen Wahrscheinlichkeitsbeweis aus dem Gedankengehalt der Kundgebungen ist bisher ebenso vollständig misslungen, wie der aus ihren eigenthümlichen Formen.

b. Die Berechtigung und der Werth der Geisterhypothese.

Herr Aksakow geht von dem Satze aus: „dass das, was für einen lebenden Menschen möglich ist, auch für einen abgeschiedenen möglich sein muss" (649). Er hält es für ebenso logisch und natürlich, einen telepathischen Rapport mit einer verstorbenen Person zu supponiren wie mit einer lebenden, überhaupt bei allen mediumistischen Leistungen, wo der lebende intellektuelle Urheber oder Beihelfer zu fehlen scheint, einen verstorbenen zu vermuthen (650—651). Er meint, dass die Logik diesen Schluss erheischt (651), obwohl er den Unterschied nicht verkennt, dass wir im einen Falle die Existenz der Ursache durch direkte Beobachtung konstatiren können, im andern Falle nicht (652 bis 653). Er glaubt dieser Schwierigkeit dadurch begegnen zu können, dass er dem Verstorbenen den Vorzug zugesteht, dass er weit leichter als ein Lebender über die Mittel verfüge, einen telepathischen Rapport mit einem Lebenden herzustellen (659).

Der Spiritismus nimmt an, dass diejenigen Formelemente des Organismus, welche Träger der Charaktereigenschaften, des Gedächtnisses und Bewusstseins sind, auch nach dem Zerfall des menschlichen Zellenleibes in funktionsfähiger Gestalt fortdauern (766); zugleich behauptet er aber, dass der Geist des Verstorbenen unräumlich existiren müsse, so dass der Widerspruch zwischen dem Komplex funktionirender Formelemente

und dieser unräumlichen Existenzweise offen zu Tage
liegt (758). Der Spiritismus will die Fähigkeit des
Charakters, Gedächtnisses und Bewusstseins zur Fortdauer nach dem Tode daraus erschliessen, dass der
lebende Mensch ein geistiges Doppelwesen ist, dessen
waches Bewusstsein zwar vom Organismus abhängig
ist und mit diesem zu Grunde geht, dessen sonnambules
Bewusstsein aber vom Organismus vollständig unabhängig, und deshalb auch fähig sein soll, mit seinem
sonnambulen Gedächtniss und Charakter den Zerfall
des Organismus zu überdauern (638—639). Allerdings
wird diese vollständige Unabhängigkeit des sonnambulen Bewusstseins vom Organismus dahin wieder eingeschränkt, dass doch eine gewisse zufällige, anscheinende, wenngleich sehr entfernte Abhängigkeit bestehe,
und dann zugestanden, dass die Unabhängigkeit ein
falscher Schein (genauer ein falsches Vorurtheil) sein
könnte, und dass wir bis zu erbrachtem Beweise
des Gegentheils genöthigt seien, die Existenz des
sonnambulen Bewusstseins als unauflöslich mit dem
Körper verbunden zu betrachten (658, 659). Der Beweis des Gegentheils soll alsdann durch den Identitätsnachweis erbracht sein, was, wie gezeigt, ein Irrthum ist.

Wir befinden uns mit der Geisterhypothese in
lauter Widersprüchen und Cirkelschlüssen. Der Lebende
übt über die Grenzen seines Leibes hinaus Wirkungen
aus vermöge seines Organismus und der in ihm walten-
den Kräfte; der Todte soll dieselben Wirkungen üben
können, obwohl er diesen Organismus und seine Kräfte
nicht besitzt. Der Lebende knüpft Rapporte an vermittelst seines sonnambulen Bewusstseins und seiner
subkortikalen Hirncentren; der Todte, der dieselben
nicht besitzt, soll es nicht nur ebensogut, sondern noch
leichter können. Der Todte soll die Formelemente,
auf denen sein sonnambules Bewusstsein nebst Gedächtniss und Charakter im Leben beruhte, bewahren, aber
als unstoffliche und unräumliche Formelemente. Das
sonnambule Bewusstsein soll bis zum Beweis des Gegentheils als vom Organismus abhängig betrachtet werden,
so dass es mit dem Tode ebenso wie das wache Bewusstsein erlöschen würde; der Beweis des Gegentheils
soll aber durch eine Hypothese erbracht werden, welche

auf der Voraussetzung beruht, dass das sonnambule Bewusstsein vom Organismus vollständig unabhängig ist und dessen Zerfall überdauert. Die Voraussetzungen, auf denen die spiritistische Hypothese ruht, stehen demnach ebensosehr in Widerspruch mit sich selbst und mit den Forderungen der Logik wie mit unsern empirisch begründet physiologischen Ansichten.

Das sonnambule Bewusstsein ist zwar sensitiver und darum auch inspirationsfähiger als das wache, aber es ist noch viel tiefer in die Sinnlichkeit versenkt als dieses, unfähiger zur Selbstbeherrschung, irrationeller, phantastischer, sprunghafter. Kurz es besitzt alle Kennzeichen, die darauf hindeuten, dass es mit dem vegetativen und thierischen Lebensprocess des Organismus weit enger verknüpft ist als das wache Bewusstsein. Wenn schon das wache Bewusstsein durch die organischen Funktionen gewisser Körpertheile bedingt ist, so muss es das sonnambule erst recht sein, und zwar durch Hirntheile, die centraler, den gesammten Leibesfunktionen näher liegen als die möglichst peripherisch gelegene Grosshirnrinde. Die erste lebende Autorität auf dem Gebiete der Hirnlokalisationen, Prof. Meynert, hat in seinem Vortrage auf dem Berliner medicinischen Kongress im August 1890 der Ansicht zugestimmt, die ich schon immer vertreten habe, dass nämlich die subkortikalen Hirncentren in demselben Sinne das Organ des Traumes, der Hallucination und der hypnotischen (sonnambulen) Geistesthätigkeit sind, wie die Grosshirnrinde das Organ des wachen Bewusstseins ist. Es ist demnach jede Hypothese physiologisch unzulässig, welche auf einer Fortdauer des sonnambulen Bewusstseins, Gedächtnisses und Charakters nach dem Zerfall der subkortikalen Hirncentren fusst. Wenn der Geist als individueller nach dem Tode fortdauern sollte, so kann er nur als schlechthin bewusstloser fortdauern; denn wenn er das oberste, das Grosshirnrindenbewusstsein verliert, so wird er die niederen Bewusstseine bis herab zum Zellen- und Atombewusstsein seines Leibes erst recht verlieren. Ein solcher unbewusst fortdauernder Individualgeist mag durch seine unbewusst-geistigen Funktionen unsern bewussten Geistesfunktionen wer weiss wie sehr überlegen sein; aber sonnambules Be-

wusstsein nebst dem zugehörigen sonnambulen Gedächtniss und Charakter darf ihm nicht zugeschrieben
,werden.

Damit fallen alle Voraussetzungen als unhaltbar
fort, auf denen die spiritistische Hypothese sich aufbaut.
Wenn der telepathische Rapport unter Lebenden bei-
derseits durch Bilder des sonnambulen Bewusstseins
bedingt und vermittelt ist, so ist der telepathische
Rapport zwischen einem Geist und einem Lebenden
unmöglich; es müsste dann an seine Stelle etwas andres
treten, wofür uns jede Analogie fehlt. Wenn dem
Todten das Gedächtniss entschwunden ist, wenn er, wie
die Alten sagten, Lethe getrunken hat, so weiss er
nichts mehr von dem, was er im Leben wusste, könnte
.es also auch dann nicht mittheilen, wenn er im Be-
sitze eines Weges der Mittheilung wäre. Ebenso sind
seine Interessen am irdischen Leben und Treiben erloschen und damit diejenige Bedingung ausgeschlossen,
welche uns beim telepathischen Rapport zwischen
Lebenden als so wichtig gilt. Dies alles gilt selbst
dann, wenn man annimmt, dass er als individueller,
wenn auch zeitweilig nur unbewusst thätiger Geist
fortexistirt; ob aber diese Individualexistenz im Unterschiede von den unbewussten Funktionen des absoluten
Geistes noch einen Inhalt besitzt, möchte zu bezweifeln
sein. Wenn schliesslich jeder Individualgeist nur eine
individuell geschlossene Funktionengruppe des absoluten
Geistes ist, so möchte die so modificirte Geisterhypothese sich nicht mehr merklich von meiner Erklärung
des Hellsehens unterscheiden.

Herr Aksakow giebt zu, dass rein körperliche Gefühle nicht eigentliche Gefühle eines Geistes in seinem
leiblosen Zustande sein können, sondern höchstens Erinnerungen an früher gehabte Gefühle (728—729). Ich
bestreite die Möglichkeit, nach Abstreifung des Körpers
sich rein körperlicher Gefühle in ihrer Eigenthümlich-
keit überhaupt noch so deutlich erinnern zu können,
um sie telepathisch auf andre zu übertragen; können
wir uns doch jetzt schon nur mit Mühe rein körperliche
Gefühle deutlich vergegenwärtigen. Welche Gefühle
wären aber nicht körperlich bedingt, und wie sollte
nicht die körperliche Beimischung, durch welche selbst

die geistigsten Gefühle eine eigenthümliche Färbung erhalten, mit dem Körper in Wegfall kommen? Wenn die Verstorbenen in eine ganz andre Existenzweise eingehen, über welche sie uns keinerlei positive Andeutung übermitteln können, wie Herr Aksakow annimmt, so ist es undenkbar, dass sie die Gefühlsweise, die kleinlichen Interessen und läppischen Sorgen ihres irdischen Daseins in jene höhere Sphäre mit hinübernehmen sollten. Es scheint mir keine würdige Vorstellungsweise, anzunehmen, dass die Geister sich um unbezahlte Schusterrechnungen oder uneingetriebene kleine Darlehne grämen und so sehr bekümmern, dass sie deshalb die Ruhe der noch im Fleische Wandelnden stören (688—692).

Es scheint mir das aber zugleich eine furchtbar pessimistische Ansicht zu sein; denn was kann grässlicher sein, als wenn man selbst im Tode noch keine Ruhe hat vor den Erbärmlichkeiten und Plackereien des entschwundenen Lebens, wenn man fortfährt, sich um diese Lappalien sorgen zu müssen, und doch nicht mehr die Macht hat, wie dereinst im Leben handelnd einzugreifen. Die Spiritisten pflegen auf solche Beispiele unbezahlter Rechnungen, verlegter Testamente oder Quittungen, uneingetriebener Schulden und dgl. besonderen Werth zu legen; sie verkennen aber, wie tief sie damit in axiologischer Hinsicht das jenseitige Geistesleben unter das diesseitige rücken und wie sehr sie damit dem jenseitigen Optimismus Hohn sprechen, dessen Aufrechterhaltung doch das tiefinnerste Motiv ihrer gefühlsmässigen Sanktion bildet.

Die ockultistische Richtung innerhalb des Spiritismus hat diesem Bedenken dadurch Rechnung zu tragen gesucht, dass sie die Geister im eigentlichen Sinne in selige Regionen entrückt, aus denen es keinen Rapport mit den Lebenden giebt, dass sie aber den Kummer um Schusterrechnungen und dgl. auf Reste eines organischen Lebens ätherischer Art abwälzt, welche zwar den Zerfall des groben Leibes eine Zeitlang überdauern, aber dann selbst der Auflösung anheimfallen. Unter diesem Gesichtspunkt können alle spiritistischen Erfahrungen der Vergangenheit und Zukunft für die Fortdauer des Geistes als solchen ebensowenig beweisen wie für die nähere Beschaffenheit seiner Existenzweise, sondern nur für die klägliche Fortexistenz jener meta-organischen Reste, die wie die Schatten des Hades erst durch das Blut des Mediums zu einem vorüber-gehenden Scheinleben mit vorübergehendem Bewusst-sein und Erinnerungsvermögen zurückgerufen werden.*)

Unter diesem Gesichtspunkt müsste der Beweis für die Fortdauer des individuellen Geistes als solchen nach wie vor der Philosophie überlassen werden, ebenso wie die axiologische Schätzung der jenseitigen Existenz des Geistes; die spiritistischen Erfahrungen und Ver-suche würden für den Beweis der Fortdauer jedes In-teresse verlieren. Dasjenige aber, was angeblich durch sie erwiesen werden soll, die Fortdauer erinnerungs-fähiger organischer Reste ohne Geist und Thatkraft, würde eines der schauerlichsten und widerwärtigsten Kapitel des Pessimismus abgeben, wenn man es nicht als eine Ausgeburt phantastischen Aberglaubens bei Seite zu schieben berechtigt wäre.

Beide Formen der spiritistischen Hypothese liefern demnach einen bemerkenswerthen Beitrag zu einem jenseitigen Pessimismus, keine von beiden liefert irgend welchen Beitrag zu einem jenseitigen Optimismus. Die erste Form, welche die jenseitige intelligente Ursache der mediumistischen Erscheinungen in den Geistern selbst sucht, lässt die Existenzweise und die inneren Lebensbedingungen dieser Geister als äusserst wider-spruchsvoll und beklagenswerth erscheinen; die zweite Form, welche die jenseitige intelligente Ursache in metaorganischen Resten sucht, schiebt eine Sphäre des grauenerregenden Elends zwischen die irdische Existenz-weise und diejenige der seligen Geister ein. Die erste Form der spiritistischen Hypothese behauptet wenigstens, das „Dass" der Geisterfortdauer wahrscheinlich zu machen, wenn auch mit einem bedauernswerthen „Was und Wie" behaftet; die zweite Form verzichtet darauf, zur Begründung der Geisterfortdauer irgend etwas bei-zusteuern, lässt dafür aber der Phantasie des Unsterb-

---

*) Schon Plotin unterscheidet diese zwiefache Fortdauer und er-läutert sie an dem Mythos des Herakles, dessen Geist in den Olymp erhoben wird, während sein Schatten in den Hades eingeht.

lichkeitsglaubens um so freieren Spielraum, indem 'sie das Elend der unstillbaren kleinlichen Sorgen um das verlassene Erdenleben auf ein gespenstisches geistloses Schattenreich abladet. Die erste Form will nur das „Dass" der Geisterfortdauer spiritistisch begründen, die zweite Form verzichtet selbst darauf, um nicht das pessimistische „Wie" mit in den Kauf nehmen zu müssen.

Einen Beitrag zu einem jenseitigen Optimismus kann die zweite Form schon darum nicht liefern, weil sie keinen Beitrag zur Begründung des „Dass" der Geisterfortdauer liefert, die erste Form darum nicht, weil sie mit dem „Dass" der Fortdauer auch das Elend des jenseitigen Daseins begründen würde und sich unfähig erklären muss, unserer Fassungskraft das „Was und Wie" dieser jenseitigen Existenzweise verständlich zu machen, durch welches das Elend des „Dass" wenn auch nicht aufgehoben, so doch gemildert werden könnte. Eine abweichende Ansicht können nur solche Spiritisten vertreten, welche die Phantasien der Medien über das Jenseits gläubig als Geisteroffenbarungen hinnehmen. Es ist wahr, dass fast alle Spiritisten einem jenseitigen Optimismus huldigen; aber sie sind nicht dadurch zu jenseitigen Optimisten geworden, dass sie Spiritisten waren, sondern sie haben sich zum Spiritismus hingezogen gefühlt, weil sie jenseitige Optimisten waren. Sobald sie einsehen, dass der Spiritismus dem jenseitigen Optimismus gar keinen, dem jenseitigen Pessimismus aber sehr bedenklichen Vorschub leistet, werden sie wahrscheinlich auch aufhören, Spiritisten sein zu wollen. Wer aber Spiritist bleiben will, muss dann wenigstens **pessimistischer Spiritist** werden.

Baron du Prel schreibt in seiner Besprechung des Werkes des Herrn Aksakow im Oktoberheft der „Sphinx" von 1890: „Schon Hellenbach hat den Nachweis geliefert, dass, wenn wir den Spiritismus in die Weltformel einfügen — was heute nicht mehr von unserem Belieben abhängt —, zunächst der Pessimismus, der bei Hartmann ein absoluter ist, in einen transcendentalen Optimismus einmünden wird." „Das Zwischenkapitel, welches Hartmann einzufügen sich nicht mehr sträuben kann, wird den Ring seines Systems sprengen." Es ist

mir wohl bekannt, dass Baron Hellenbach den jenseitigen Optimismus behauptet hat, aber nicht, dass er
ihn bewiesen oder auch nur einen Anlauf zu solchem
Beweise genommen hätte. Da Hellenbach dem Inhalt
der mediumistischen Kundgebungen über das Jenseits
mit Recht jeden Werth absprach, so war er auch nicht
in der Lage, einen solchen Beweis zu versuchen. Was
er in den bezüglichen Abschnitten seines „Tagebuches
eines Philosophen" über den Gegenstand bemerkt, gehört zu dem Oberflächlichsten, was in der letzten Zeit
über Pessimismus und Optimismus geschrieben ist. Herr
du Prel irrt sich vollständig, wenn er glaubt, dass der
Spiritismus den Pessimismus umstürzen und mein System
sprengen würde.

Nicht einmal dem transcendentalen Individualis-
mus vermag die spiritistische Hypothese in ihrer zweiten
Form eine Stütze zu gewähren, weil die dem Zerfall
entgegengehenden metaorganischen Reste infraindividuell
sind und über das Verbleiben des Geistes die Speku-
lation freien Spielraum behält, also sich nach wie vor
aus anderen Gründen nach der monistischen oder indi-
vidualistischen Seite entscheiden kann und muss. Die
Stütze aber, welche der transcendentale Individua-
lismus durch die erste Form der spiritistischen Hypothese empfangen könnte, wäre, wie gezeigt, so kläg-
licher Art, dass er gerechte Bedenken tragen müsste,
sich ihrer zu bedienen. Beiden Formen des Spiritismus
gemeinsam ist die Annahme, dass das Bewusstsein der
den Tod überlebenden Geister nicht das wache, sondern
das sonnambule Bewusstsein sei, und dass die Ethik
auf dieses unsterbliche sonnambule Bewusstsein gegründet
werden müsse. Nun ist aber alle Welt darüber einig,
dass ein Mensch im sonnambulen Zustande keine Spur
von sittlicher Zurechnungsfähigkeit besitzt; es müssten
also die körperlosen Geister als völlig unzurechnungsfähig betrachtet werden, und die sittliche Uurech-
nungsfähigkeit des wachen Bewusstseins müsste auf die
sittliche Unzurechnungsfähigkeit des sonnambulen gestützt, d. h. das Zurechnungsfähige aus dem Unzurech-
nungsfähigen erklärt werden.

Nach der ersten Form der spiritistischen Hypothese
sollen die verstorbenen Geister ein doppeltes Interesse

haben, mit den Medien in telepathischen Rapport zu treten: erstens das besondre, ihre irdischen Interessen weiter zu verfolgen, und zweitens das allgemeine, die Lebenden dadurch zu trösten und zu erfreuen, dass sie sie ihrer Existenz versichern und dadurch zum Unsterblichkeitsglauben anleiten und in ihm befestigen. Das erste Motiv widerspricht dem zweiten; denn das erste muss eine pessimistische Auffassung der jenseitigen Existenzweise hervorrufen, während das zweite Motiv einen jenseitigen Optimismus zu seiner Voraussetzung hat. Wenn man doch bloss fortdauern soll, um sich um alte Stiefelrechnungen Sorgen zu machen, die man nicht mehr bezahlen kann, so ist es wahrlich besser, nicht fortzudauern. Eine solche Fortdauer kann nicht trösten und aufrichten, sondern nur das Grauen vor dem Tode erhöhen. Dass in dem Unsterblichkeitsglauben ein Trost liege, ist immer nur für optimistische, lebensdurstige Gemüther richtig; der Pessimist würde durch den spiritistischen Nachweis, dass er auch nach dem Tode noch keine Ruhe finden solle, nur noch schwerer bedrückt werden.

Das Motiv der Mittheilung wäre nur dann verständlich, wenn die Geister uns nicht nur von ihrer Existenz, sondern auch von der positiven Glückseligkeit ihrer Existenz zu überzeugen vermöchten. Bloss ihre Existenz zu bekunden, muss auf Optimisten und Pessimisten die entgegengesetzte Wirkung haben. Aber selbst dieses Minimum ihrer blossen Existenz zu bekunden, strengen sich die Geister bis jetzt vergeblich an. Die vorhergehende Darstellung zeigt mindestens soviel, dass sie bis jetzt nicht die rechten Mittel und Wege gefunden haben, um ihre Identität in objektiv gültiger Weise nachzuweisen. Das Motiv könnte aber nur unter der Voraussetzung auf die Geister Wirksamkeit gewinnen, dass sie die Möglichkeit des Identitätsbeweises vor sich sehen. Entweder haben sich demnach die Geister bisher in einer verwunderlichen Selbsttäuschung über die Möglichkeit ihrer Selbstbezeugung vor Lebenden befunden, oder die Spiritisten befinden sich in einer. Täuschung über das Motiv, welches die Geister zu solchen vergeblichen Versuchen der Selbstbezeugung antreiben soll. So gross soll nach

dem Spiritismus die Begier der Geister zur Selbstbezeugung sein, dass sie auf ein sonnambules Medium
zufliegen, wie die Motten in einer Hochsommernacht
auf das Licht, auch wenn sie weder dem Medium noch
einem der Anwesenden bekannt sind, dass also sogar
die psychologischen Gesetze der Rapportanknüpfung
durch ihren Manifestationsdrang übersprungen werden
(659).

Bei der zweiten Form der spiritistischen Hypothese
kann von einem Interesse der Geister an einer Mani-
festation überhaupt nicht mehr die Rede sein, weil es
nach ihr nicht mehr die Geister sind, die sich mani-
festiren oder in Rapport mit Lebenden treten. Nur die
metaorganischen Reste Verstorbener spüren trotz ihrer
Geistlosigkeit und Bewusstlosigkeit einen Drang, noch
einmal von dem verlassenen Leben zu kosten. So um-
schweben sie gespenstisch die Stätten ihrer früheren
Wirksamkeit, drängen sich nach dem Medium wie die
Schatten des Hades nach dem Opferblut, um noch einmal für einen flüchtigen Augenblick Erinnerung und
Bewusstsein zu erlangen, und belauern vampyrgleich
die Medien, die ihren unheimlichen und naturwidrigen
Gelüsten dienen sollen. Unter diesem Gesichtspunkt
erscheint die spiritistische Praxis als eine körperliche,
geistige und sittliche Gefahr, als ein vorwitziges Spiel
mit gefährlichen und unheimlichen Mächten ohne Sinn
und Zweck. Kirche und Polizei hätten allen Grund,
einem solchen verwerflichen Unfug nach Kräften zu
steuern, wenn sie es nicht mit Recht vorzögen, diese
krankhafte Ausgeburt einer überhitzten Phantasie der
socialen Naturheilkraft und der Medicin zu überlassen.

c. Die Tragweite der Geisterhypothese.

Nachdem wir im vorigen Abschnitt die innere Unhaltbarkeit und praktische Werthlosigkeit der Geisterhypothese kennen gelernt haben, bleibt uns noch übrig
zu erwägen, was eventuell die Geisterhypothese leisten
könnte, wenn wir sie trotz ihrer inneren Schwierigkeiten
und trotz ihres Mangels an thatsächlicher Begründung
einmal bedingungsweise zulassen wollten. Herr Aksakow
hat es aufgegeben, die Geisterhypothese gleich andern

Spiritisten auf physikalische Erscheinungen des Mediumismus und auf Materialisationserscheinungen zu stützen; aber er hat es nicht aufgegeben, diese Erscheinungen unter Umständen aus direkter Geisterwirkung abzuleiten, nachdem die Geisterhypothese durch den Vorstellungsinhalt der Kundgebungen angeblich begründet ist. Wir haben zu prüfen, ob diese Ableitung aus den von ihm gemachten Voraussetzungen zulässig ist. Wenn nicht, so muss die Anwendbarkeit der Geisterhypothese ganz auf das Gebiet beschränkt bleiben, aus welchem sie nach Herrn Aksakow allein begründet werden soll, nämlich auf den Vorstellungsinhalt der Kundgebungen.

Wenn ein verstorbener Geist Charakter, Gedächtniss, sonnambules Bewusstsein und Interessen an der irdischen Welt im Allgemeinen oder an ihrem weiteren Lauf und den Lebenden im Besonderen hat, so wird man nach Analogie der Lebenden annehmen dürfen, dass er mit Lebenden unter Umständen in telepathischen Rapport treten kann, genauer in einen geistigen Rapport, der dem telepathischen Rapport unter Lebenden analog ist. Dagegen kann man nicht annehmen, dass er mit Lebenden in einen Rapport tritt, welcher der Vorstellungsübertragung unter Lebenden in nächster Nähe oder bei körperlicher Verbindung oder Berührung analog ist. Denn dieser letztere Rapport scheint von der Entfernung abhängig und durch die materiellen Centralorgane des sonnambulen Bewusstseins sammt ihren Nervenleitungen bedingt; die Entfernung würde dann bei der Unräumlichkeit der Geister ebenso fortfallen wie die körperlichen Organe bei ihrer Unstofflichkeit. Immerhin würde die Analogie des telepathischen Rapports unter Lebenden genügen, um auch einen gewissen geistigen Rapport zwischen Geistern und Lebenden zuzulassen, der zur Erklärung von Hallucinationen, Gesichts- und Gehörsbildern, Wortbildern u. s. w. genügen würde. Damit besässen die Geister das Mittel, den Medien die Kenntniss von Thatsachen mitzutheilen und Ausführungsimpulse zu Handlungen nach vorgezeichneten Zielen, Formen u. s. w. zu ertheilen.

Weiter reicht aber auch die Fähigkeit der Geister im besten Falle nicht, weil die Analogie mit den Leistungen des sonnambulen Bewusstseins der Lebenden nicht weiter trägt. Alles was das Medium an Ausführungshandlungen vornimmt, vollzieht es vermittelst des Nervensystems, der Muskeln, Knochen u. s. w., kurz mit Hülfe des grobstofflichen Organismus, der den Geistern fehlt. Mag der Geist nun einen Aetherleib (Metaorganismus) haben oder nicht, jedenfalls ist dieser Leib nicht stofflich im Sinne des unsrigen zu denken, also als frei von Schwere, Beharrungsvermögen und Undurchdringlichkeit. Wenn ich mit der Hand einen Stuhl aufhebe, so vermag ich das, weil meine Hand ebenso undurchdringlich ist wie der Stuhl, und deshalb meine der Schwere entgegengerichtete Muskelkraft auf den Stuhl überträgt. Wenn ein Medium einen Gegenstand durch mediumistische Nervenkraft anzieht, so vermag es das, weil sein Körper Schwere und Beharrungsvermögen besitzt und dadurch seiner anziehenden Kraft das erforderliche Widerlager bietet. Hätte ein Geist eine ätherische Hand und versuchte mit ihr einen Stuhl zu heben, so würde der Stuhl stehen bleiben müssen, indem die angefasste Stuhllehne durch die anfassende und hebende Hand hindurchfährt. Hätte ein Geist eine fernwirkende Anziehungskraft trotz des Mangels an einem Nervensystem, so würde er bei dem Mangel an Schwere und Beharrungsvermögen nicht den Gegenstand mit endlicher Geschwindigkeit zu sich hinziehen, sondern sich mit unendlicher Geschwindigkeit zu dem Gegenstand hinziehen. Wir kennen keine mechanische Kraft, die nicht, wie man gewöhnlich sagt, an Stoff gebunden wäre, oder wie es richtiger heissen sollte, die nicht in materieller Konkrescenz existirte; das Gesetz der Erhaltung der Kraft fällt mit dem Gesetz der Erhaltung der Materie zusammen.

Herr Aksakow wird dem Satze zustimmen, dass ein körperloser Geist, wenn er auch mit metaorganischen Formelementen verbunden sein mag, keinerlei mechanische Kraftwirkung zu üben vermag. Wenn er zu einer solchen fähig werden soll, so muss er erst Materie aus dem Medium herausziehen und sich aneignen, um an dieser Materie auch die Grundlage zu mechanischen Kraftwirkungen zu gewinnen. So soll z. B. das Gewicht eines in dieser Weise materialisirten Geistes dem Gewicht des Stoffes entstammen, den der Geist dem

Medium zeitweilig entzogen hat; nach dem Gesetz der Erhaltung der Kraft müsste mithin das schwankende Gewicht des materialisirten Geistes plus dem schwankenden Gewicht des Mediums eine konstante Grösse, nämlich gleich dem Körpergewicht des Mediums vor Beginn der Sitzung sein. Dasselbe, was für die Schwere gilt, muss auch für das Beharrungsvermögen gelten; die Summe der Beharrungsvermögen des materialisirten Geistes und des Mediums muss konstant sein und dem des Mediums vor der Sitzung gleichkommen. Je schwerer verschiebbar der materialisirte Geist wird, desto leichter verschiebbar wird das Medium, und die Verschiebbarkeit eines jeden von beiden im Raume durch die nämliche Krafteinheit muss proportional sein dem jeweiligen Gewicht, welches die jeweilige materielle Masse anzeigt. Mit zunehmender materieller Dichtigkeit des materialisirten Geistes wird ferner die Widerstandsfähigkeit seiner Formelemente gegen Durchdringung wachsen müssen, also auch die Fähigkeit, etwaige von ihm ausgehende Kraftwirkungen bei Berührung vermittelst der Vereinigung von Undurchdringlichkeit, Beharrungsvermögen und Schwere auf andre körperliche Gegenstände zu übertragen und zur Geltung zu bringen.

Nach dem Gesetz der Erhaltung der Kraft hängt jede mechanische Kraftentfaltung eines Menschen nach aussen hin von einem äquivalenten Verbrauch chemischer Molekularkräfte in seinen Muskel- und Nervenzellen ab; dies ist für die Entfaltung von Muskelkraft als feststehend zu erachten, und es muss a priori angenommen werden, dass es sich für die Entfaltung mediumistischer Nervenkraft ebenso verhält. Die körperliche Erschöpfung der Medien nach Sitzungen und physikalischen Erscheinungen spricht dafür ebenso deutlich, wie die nervöse Zerrüttung der Medien, wenn sie solche Sitzungen häufiger mitmachen, als ihr Ernährungsprocess die verbrauchten chemischen Kräfte zu ersetzen im Stande ist. Es ist dies ein Grund mehr, warum ich den irreleitenden Ausdruck „psychische Kraft" bekämpft und durch „mediumistische Nervenkraft" ersetzt habe, obwohl selbstverständlich die mediumistische Nervenkraft zur Hervorbringung geordneter Wirkungen ebenso der psychischen Leitung bedarf wie die Muskelkraft, die sich ohne psychische Leitung in zwecklosen Krämpfen verpufft. Wenn also ein materialisirter Geist eine der mediumistischen Nervenkraft analoge Kraft soll entfalten können, so muss nach Analogie geschlossen werden, dass auch diese Kraftwirkung an dem aus dem Medium entlehnten Stoffe haftet, und durch die chemische Zusammensetzung dieses Stoffes, d. h. durch das Maass der in seinen Molekulgruppirungen aufgespeicherten latenten Kraft bedingt ist.

Aus alledem ergiebt sich, dass ein Geist höchstens die direkte psychische Leitung der vom Medium entliehenen Kräfte übernehmen, aber als körperloser Geist weder über eigene mechanische Kraft verfügt, noch auch, wenn er über solche verfügte, sie in der Welt der materiellen Dinge wegen Mangel an eigner Schwere, Beharrungsvermögen und Undurchdringlichkeit geltend machen könnte. Der Geist muss also nicht bloss seinen Stoff vom Medium entleihen, sondern auch seine mechanische Kraft, welche an diesem Stoffe haftet und nicht von ihm getrennt werden kann. Das physikalische Leistungsvermögen eines materialisirten Geistes ist in jeder Hinsicht vom Medium geliehen und wächst proportional der Masse (d. h. dem Gewicht) der dem Medium entzogenen Stoffe. Eine Materialisation, die noch so wenig stoffliche Dichtigkeit erlangt hat, dass man durch sie wie durch Nebel und Schleier hindurchgreift, kann noch keinen Gegenstand aufheben, oder gar einen Stuhl vom Platze rücken; sie kann keinen Bleistift halten und so auf das Papier aufdrücken, dass Schriftzüge entstehen, weil der Bleistift bei dem Gegendruck der Unterlage durch die Geisterhand hindurchfahren würde. Demnach ist es unbedingt ausgeschlossen, physikalische Kraftwirkungen jeder Art einschliesslich des Schreibens als direkte Wirkungen eines materialisirten Geistes aufzufassen, so lange die Materialisation noch nicht einmal den Dichtigkeitsgrad erlangt hat, um der tastenden Hand des Zuschauers als fest und undurchdringlich zu erscheinen, geschweige denn, wenn sie noch nicht einmal eine lichtreflektirende Oberfläche besitzt, durch welche sie dem Auge der Zuschauer sichtbar wird.

Bekanntlich sind aber sichtbare und tastbare

Materialisationen, die physikalische Wirkungen zu entfalten scheinen, äusserst selten, und die grosse Mehrzahl aller physikalischen Wirkungen vollzieht sich ohne
Sichtbarkeit von materialisirten Gestalten oder Gliedmaassen, die als ihre Ursache erscheinen. Alle physikalischen Wirkungen dieser Art können dann nicht auf
Geister bezogen werden.

Nach Herrn Aksakow ist der Doppelgänger eines
lebenden Mediums um so weniger dicht, je weiter er
sich von dem Medium entfernt (621); nach Analogie
müsste auch die Materialisation eines Geistes um so
weniger dicht sein, je weiter entfernt vom Medium sie
erscheint. Daraus folgt, dass sowohl Doppelgänger als
materialisirte Geister in weiter Entfernung vom Medium nicht den Grad von Dichtigkeit haben können,
um physikalische Wirkungen auszuüben, z. B. Gegenstände aufzuheben und mitzuführen, oder zu schreiben.
Dadurch ist der Erklärungsversuch ausgeschlossen, als
ob das anscheinende Schreiben eines Phantoms in der
Kajüte eines Schiffes durch den realen materialisirten
Doppelgänger eines lebenden Mediums bewirkt sein
könnte, das auf einem anderen weit entfernten Schiffe
gleichzeitig schläft und träumt (635—636).

Es ist ebenso der Versuch ausgeschlossen, den angeblichen Apport von Gegenständen auf sehr grosse
Entfernungen durch Geister erklären zu wollen. Entweder werden die Geister unräumlich und unkörperlich
gedacht, dann können sie geistig an jedem, physisch
an keinem Orte wirken, und haben selber weder Ort
noch Ortsveränderung. Oder die Geister sind so weit
materialisirt (auf Kosten des Mediums), dass sie physikalische Wirkungen ausüben können, dann sind sie
auch für die Dauer ihrer Materialisation den Gesetzen
der Materie unterworfen und können nicht mit der
Geschwindigkeit des Lichts oder einer Kanonenkugel
durch die Luft fahren, weil der Luftwiderstand sie
daran hindern würde. Wo sollten sie die Kraft her-
nehmen, um auch nur mit Schnellzugsgeschwindigkeit
die Luft zu durchschneiden, und wie sollten sie etwa
eine mitgeführte Photographie oder hölzerne Stricknadeln vor der Zerstörung und dem Verbrennen bei
solchem Fluge schützen?

Es ist daran festzuhalten, dass ein körperloser Geist physikalisch gar nichts kann, ein materialisirter Geist aber in seinem materialisirten Zustande auch nichts physikalisch möglich machen kann, was einem Medium bei gleicher stofflicher Dichtigkeit unmöglich ist. Ehe wir nicht das Fliegen der Medien mit Schnellzugsgeschwindigkeit oder Kanonenkugelgeschwindigkeit behauptet sehen, brauchen wir uns um das Fliegen materialisirter Geister nicht zu bekümmern. Ehe wir nicht die Durchdringung der Materie durch Medien ohne Geisterhülfe vollbracht sehen, können wir die Behauptung, dass materialisirte Geister die Materie z. B. eines Ringes für den Arm eines Mediums durchdringlich machen können, als einen bodenlosen Phantasieglauben bei Seite legen. Wenn ein Geist das Unmögliche möglich machen kann, bloss weil er ein Geist ist, so mag er freilich auch eine Photographie oder hölzerne Stricknadeln in wenigen Minuten oder gar Sekunden mehrere hundert Kilometer durch die Luft führen und sie durch geschlossene Thüren und Wände dringen lassen (551—556). Dass aber ein Geist irgend einen physikalischen Vorgang wie Ortsbewegung oder Zerstreuung und Wiederzusammenfügung materieller Moleküle mit Hülfe seines geliehenen Materialisationskörpers besser soll vollbringen können, als ein Medium mit Hülfe seines ihm organisch angewachsenen Leibes, das ist eine durch nichts zu rechtfertigende Annahme.

Bis jetzt sind die Berichte von Apporten auf weite Entfernung durchaus nicht danach angethan, um auf andre Erklärungsursachen als absichtlichen Betrug, oder aber auf sonnambule Vorbereitungshandlungen ohne Vorwissen des wachen Bewusstseins hinzudeuten; es liegt deshalb kein Grund vor, unter Apport auf weite Entfernungen etwas andres als bewusstes oder unbewusstes Herzubringen von Gegenständen auf natürlichem Wege zu verstehen. Unter Apport auf nahe Entfernungen innerhalb der mediumistischen Wirkungssphäre kann man dagegen ausserdem noch das (von den Zuschauern zum Theil unbemerkte) Heranrücken oder Heranfliegen der Gegenstände in Folge der mediumistischen Anziehungskraft befassen. Ich von meinem

Standpunkt habe das Wort Apport niemals in einer andern Bedeutung als in diesen beiden gebraucht (566, Z. 16—15 v. unten), aber gelegentlich den spiritistischen Lesern überlassen, ob sie sich noch etwas andres bei diesem Worte denken wollen.

Die angebliche Durchdringung der Materie ist ebenfalls nicht so weit beglaubigt, um sich ernstlich mit der Frage befassen zu müssen. Zwar stehen hier, wenn man das Auftauchen von Gegenständen in verschlossenen Zimmern und das Abwerfen und Wiederanlegen von Fesselungen mit darunter befasst, weit mehr Berichte zu Gebote, als für den Apport auf weite Entfernungen; aber dafür bewegen sich diese Berichte in der recht eigentlichen Domäne der Taschenspielerei. Was die Medien im Abwerfen und Wiederanlegen von Fesselungen oder in Körperverrenkungen innerhalb der Fesselung leisten, geht durchaus nicht über die überraschenden und verblüffenden Leistungen hinaus, welche Taschenspieler, Antispiritisten und berühmte Exmedien in den letzten Jahren öffentlich gezeigt haben. So wenig der aufmerksame und sachkundige Zuschauer mit Sicherheit sich anheischig machen kann, jeden neuen Taschenspielertrüc in solchen Leistungen zu durchschauen, ebensowenig können angebliche mediumistische Leistungen dieser Art als Beweise übernatürlicher Wirkungen ausgegeben werden, bloss weil ihre Trücs noch nicht durchschaut sind. Ich habe deshalb die angebliche Durchdringung der Materie als ein besonders unwahrscheinliches Erscheinungsgebiet bezeichnet (Spiritismus S. 44) und es nicht für nöthig gehalten, eine Erklärung zu versuchen, ohne dass ich deshalb einräumte, dass diese Phänomene transcendental oder übernatürlich seien, wie Herr Aksakow glaubt (223, 336). Wohl aber habe ich die spiritistische Annahme der Durchdringung der Materie als argumentatio ad hominem verwendet, wo ich von der Verwechselung des Mediums mit einem Phantom sprach, um mich nicht in einen unfruchtbaren Streit über die Zulänglichkeit der Fesselungen einzulassen, und die methodologische Berechtigung zu einer solchen argumentatio ad hominem sucht Herr Aksakow vergeblich mir abzustreiten (335 bis 336).

Herr Aksakow irrt sich, wenn er glaubt, dass es einer übernatürlichen oder transcendentalen Theorie zur Erklärung dieser Erscheinungen bedürfen würde, falls sie nur erst ein Maass von Glaubwürdigkeit besässen, um sich ernsthaft mit ihnen zu beschäftigen. Ich würde auch dann noch behaupten, dass die Geisterhypothese nicht das Mindeste zur Erklärung einer Durchdringung der Materie beitragen kann, dass der Rekurs auf die Geistermacht und ihre Wunderkraft und Zaubergewalt eben gerade der Verzicht auf Erklärung wäre. Ich würde auch dann noch behaupten, dass es nicht einmal der Heranziehung der vierten Dimension bedarf, sondern nur gewisser Molekularvorgänge in der Materie, die durch mediumistische Kräfte eingeleitet, aber im Einklang mit den Gesetzen der Materie durchgeführt werden müssten, also ganz in die Sphäre des natürlichen physikalischen Geschehens fielen.

Nach der dynamischen Theorie der Materie giebt es keine absolute Undurchdringlichkeit, sondern nur eine relative, und auch diese nur im festen Aggregatzustand, welche lediglich das Produkt von Kräften ist; sobald in der Gruppirung dieser Molekularkräfte eine vorübergehende Aenderung bewirkt wird, kann auch die relative Undurchdringlichkeit eines festen Körpers vorübergehend suspendirt werden, sei es durch lokale Ueberführung in einen flüssigen oder luftförmigen Aggregatzustand,*) sei es durch Molekülegruppirungen, die mit keinem der uns bekannten Aggregatzustände eine Aehnlichkeit haben. Da Herr Aksakow die Bezeichnung „übernatürlich“ sogar für die unräumliche und unzeitliche Existenzweise der körperlosen Geister verwirft (340, 767), obwohl dieselben doch so weit wie möglich über die uns gegebene Natur und Natürlichkeit entrückt und erhaben sein sollen, so vermag ich nicht abzusehen, warum etwaige naturgesetzliche Vorgänge in der Materie bloss darum übernatürlich oder transcendental heissen sollen, weil sie selten vorkommen

---

*) Als Analogie bietet sich hier einerseits die Endosmose und Exosmose von Flüssigkeiten durch organische Gewebe, andrerseits das Hindurchdringen gewisser Gase durch gewisse feste Körper, z. B. des Kohlenoxydgases durch den rothglühenden eisernen Ofen.

und der Wirkung besonderer Kräfte des mediumistischen Nervensystems zu ihrem Eintritt bedürfen. Sollte aber Herr Aksakow jeden psychischen Impuls zur Einleitung gesetzmässiger physiologischer und physikalischer Vorgänge eine transcendentale Erklärung nennen wollen, so würde auch jeder willkürliche Entschluss eines Lebenden zur Bewegung eines Gliedes als eine transcendentale Erklärung zu bezeichnen sein.

Es ist sonach als feststehend zu erachten, dass Geister nur durch Vermittelung von hinreichend dichten Materialisationen physikalische Vorgänge bewirken können, und dass sie Kraft und Stoff zu denselben aus den Medien schöpfen müssen. Es fragt sich nun weiter, wie die Geister es machen, aus den Stoffen und Kräften des Mediums materialisirte Gestalten zu bilden, und ob sie dies direkt thun, oder indirekt durch das Medium besorgen lassen, indem sie ihm nur den geistigen Impuls zur Materialisation geben und das zu realisirende Bild suggeriren. Im ersteren Falle stehen wir auf dem Boden der Besessenheit, im zweiten Falle auf demjenigen der Inspiration, d. h. der mentalen Suggestion durch telepathischen Rapport.

Herr Aksakow nimmt an, dass Medien auch ohne Geisterhülfe im Stande sind, materialisirte Gestalten aus sich herauszusetzen und nach Maassgabe des ihrer (sonnambulen) Phantasie vorschwebenden Bildes zu formiren. Er wird nicht bestreiten, dass das Medium dies nur darum vermag, weil sein organisches Gestaltungsvermögen über die Stoffe und Kräfte seines Organismus verfügt, die es sich im Laufe seines Lebens organisch assimilirt, zu eigen gemacht und seiner Herrschaft unterworfen hat. Ein Geist dagegen verfügt nicht mehr über einen solchen Organismus, und der Organismus des Mediums ist ihm in genau demselben Sinne ein fremder Organismus, wie dem Medium der Leib eines andern Menschen, oder dem einen Medium der Leib eines andern Mediums fremd ist. So gewiss kein Medium unmittelbar über die Stoffe und Kräfte verfügen kann, die dem Organismus eines andern Mediums angehören, ebensogewiss kann ein körperloser Geist nicht unmittelbar über die Stoffe und Kräfte verfügen, die dem Organismus eines Mediums angehören.

Die Besessenheitshypothese ist demnach durch die Analogie ausgeschlossen und nur die Inspirationshypothese durch sie gestattet.

Wenn ein Geist mit Hülfe eines Mediums sich materialisiren will, kann er es also nur so anfangen, dass er dem Medium telepathisch sein früheres Bild einprägt und ihm die Materialisationstendenz in Bezug auf dieses Bild suggerirt. Die Materialisation kann ihre Form unmittelbar nur aus dem sonnambulen Traumbewusstsein des Mediums schöpfen, mag dieselbe auch mittelbar durch einen das Bild inspirirenden Geist bestimmt sein. Die Formirung des zu materialisirenden Bildes ist unmittelbar eine Thätigkeit des Mediums, mag es zu dieser Thätigkeit auch durch einen Geist veranlasst sein; das Medium ist das Subjekt der materialisirenden Funktion, der alleinige Thäter bei dieser Handlung, und damit auch die wirkende Ursache der materialisirten Gestalt. Der Geist kann nun nicht mehr Subjekt oder Thäter, sondern nur noch intellektueller Urheber, nicht mehr primäre wirkende Ursache, sondern nur noch sekundäre Ursache für das Wirksamwerden der primären Ursache sein.

Mag ein Geist als intellektueller Urheber hinter der materialisirenden Formation stehen oder nicht, immer ist das Medium die alleinige unmittelbare und primäre Ursache der materialisirten Gestalt, immer schöpft das Medium Stoff und Kraft aus seinem Organismus, die Form aus seinem sonnambulen Bewusstsein, die Thätigkeit aus seinem sonnambulen Willen.

Es fragt sich nun weiter, ob die Funktionen des Phantoms, seine Bewegungen u. s. w., von dem Medium geleitet werden oder von dem Geist, mit andern Worten, ob der Geist, welcher in Bezug auf die Formation nur intellektueller Urheber ist, die fertig formirte Gestalt in Besitz nimmt und direkt leitet, oder ob er sie auch weiterhin durch das sie formirende Medium leiten lässt. Da Herr Aksakow die Fälle als die häufigeren zugiebt, in welchen kein Geist im Spiele ist, sondern das Medium alleinige Ursache ist, so ist damit zugestanden, dass das Medium im Stande sei, das aus eigenen Mitteln formirte Phantom auch nach seinem Willen agiren zu lassen. Es bedarf

also keineswegs der Geisterhülfe dazu, und es wäre
auch sonderbar, wenn das Medium ein Phantom zwar
formiren aber nicht regieren könnte. Ebenso sonderbar aber wäre es, wenn ein körperloser Geist sich
zwar zur Formation des Phantoms der Vermittelung
des Mediums bedienen müsste, dann aber zur Leitung
der Bewegungen des Phantoms dieser Vermittelung
entrathen könnte. Es würde dann die Inspirationshypothese für die Formation gelten, die Besessenheitshypothese aber für die Leitung der Bewegungen des
Phantoms. Dabei wäre auf's Neue die Frage aufzu-
werfen, wie der Geist dazu käme und es möglich
machte, die dem Medium organisch angehörigen Stoffe
und Kräfte, welche durch das Medium zu einem Phantom formirt sind, nun plötzlich so zu behandeln und
zu beherrschen, als ob es ein ihm durch den eignen
Lebensprocess angegliederter leibeigener Organismus
wäre. Es fehlt auch hierzu jede Analogie, welche darin
zu suchen wäre, dass der Geist eines anwesenden Lebenden plötzlich in das von einem Medium formirte Phantom hineinführe und direkt aus demselben agirte.

Wir werden also annehmen müssen, dass ausschliesslich das Medium es ist, welches die Aktionen
des Phantoms dirigirt; der Geist muss sich entweder
mit der Formation des von ihm gelieferten Bildes be-
gnügen und der Phantasie des 'Mediums die etwaigen
dem Charakter der Figur angemessenen Aktionen überlassen, oder er muss das Medium fortlaufend mit neuen
Mentalsuggestionen versehen, um vermittelst des Mediums seine Absichten zur Ausführung zu bringen. In
beiden Fällen ist das Phantom nur eine seelenlose
Puppe, die nach den Vorstellungen und Willensimpulsen des sonnambulen Mediums tanzt, aber keineswegs der Träger eines eigenen Bewusstseins. Das
Bewusstsein und die Intelligenz, welche das Phantom
eventuell zu entfalten scheint, haben ihren Sitz oder
Träger immer nur in dem Medium, nicht in dem
Phantom selbst.

Wenn die Geister günstigsten Falls intellektuelle
Urheber der formirenden und dirigirenden Thäter-
schaft des Mediums sind, so kann man auch nicht
sagen, dass sie die Ursache der physikalischen Wir-

kungen seien, die von den Phantomen ausgehen. Man
kann dann nur noch sagen, dass die Geister intellektuelle Urheber solcher physikalischer Leistungen der
Phantome seien; wirkende Ursache derselben ist
dann aber immer nur das Medium, welches aus
seinen Kräften und Stoffen nach seinem Traumbilde
das Phantom formirt hat und es nach seinen Intentionen
handeln lässt. Man sieht hieraus, dass die Geisterhypothese zur Erklärung weder der Materialisationsphantome, noch auch der durch sie etwa vermittelten
physikalischen Wirkungen irgend etwas beitragen kann.
Das Höchste, was sie in dieser Hinsicht leisten könnte,
wäre, die Entstehung des zu materialisirenden Traumbildes und der Materialisationstendenz im sonnambulen
Bewusstsein des Mediums zu erklären.*)

Wir haben aber bereits oben gesehen, dass sie
auch zu diesem Zweck ganz überflüssig ist. Die Materialisationstendenz ist bei Materialisationssitzungen im
Medium als vorhanden vorauszusetzen; in Fällen anscheinend spontaner Materialisation könnte sie durch
sensitive Wahrnehmungen und psychometrische Rekon-
struktionen geweckt, oder durch krankhafte Vorgänge
im Nervensystem veranlasst sein. Die Figuren, auf
welche sich die Formirung bezieht, sind theils das
Medium selbst (Doppelgänger), theils Modifikationen
der idealisirenden Phantasie an diesem eignen Bilde
(Schutzengel), theils typische Figuren der Traumphantasie, deren besondere Eigenschaften durch zufällige
Associationen bedingt sind, theils Bilder von lebenden
und todten Freunden und Angehörigen, wie sie auch
im gewöhnlichen Traume erscheinen, theils Bilder, die
aus dem sonnambulen Bewusstsein der Anwesenden
durch Gedankenlesen geschöpft werden, theils Bilder,
die durch telepathischen Rapport von Abwesenden übertragen werden, theils endlich solche, die auf Grund
sensitiver Wahrnehmungen psychometrisch konstruirt

---

*) Mit der Theorie des Herrn Janisch habe ich mich nur in
Bezug auf die direkte Erklärungsunfähigkeit der Geisterhypothese bedingungsweise einverstanden erklärt, nicht in Bezug auf seine Annahme
einer intellektuellen Urheberschaft der Geister, welche mit der ersteren
in keiner Weise logisch verknüpft ist, sondern sich bei Herrn Janisch
nur zufällig zu ihr gesellt (569—571).

werden. Anderer Quellen bedarf es nicht mehr zur Erklärung.

Nach alledem müsste die Tragweite der Geisterhypothese streng auf geistigen Rapport eingeschränkt werden, und kann sich niemals auf Materialisationen und physikalische Phänomene erstrecken. Letztere müssen so wie so aus der Leistungsfähigkeit der Medien erklärt werden, gleichviel ob man die Geisterhypothese annimmt oder nicht, und ob man im besonderen Falle eine intellektuelle Urheberschaft der Geister oder eine telepathische Anstiftung zu den Leistungen voraussetzt oder nicht. Es ist demnach ein mit den Ansichten des Herrn Aksakow nicht in Einklang zu bringender Irrthum, wenn derselbe glaubt, dass die aus dem Vorstellungsinhalt erwiesene Geisterhypothese nachträglich auch zur Erklärung der Materialisationen und physikalischen Erscheinungen etwas beitragen könne. Dies gilt selbst dann, wenn die Materialisationen wirkliche Materialisationen sind, geschweige denn, wenn sie dies nicht sind. Ich habe mich in den vorhergehenden Erörterungen mit Absicht auf den Boden der Annahmen des Herrn Aksakow über die Materialisationen gestellt, nicht als ob ich diese Annahmen theilte, sondern um zu zeigen, dass selbst unter ihrer Voraussetzung die Tragweite der Geisterhypothese sich nicht auf Materialisationserscheinungen und physikalische Wirkungen erstrecken kann. Ich glaubte dadurch am besten dem Missverständniss vorzubeugen, als ob ich die objektive Realität der Phantome nur aus dem theoretischen Interesse bekämpfte, der Geisterhypothese keine Zugeständnisse machen zu wollen. Jetzt, nachdem ich ausführlich dargethan, dass die Materialisationen mit der Geisterhypothese direkt gar nichts zu schaffen haben, scheint der Boden vorbereitet für eine unbefangene Erörterung der Frage, was denn diese Materialisationen seien.

II. Die Materialisationserscheinungen.

I. Subjektiv-ideale Erscheinungen.

a. Der Doppelgänger.

Herr Aksakow bekennt sich zu der neuerdings in spiritistischen Kreisen mehr und mehr Anhänger gewinnenden Ansicht, dass das natürliche Urphänomen der Materialisationserscheinungen der Doppelgänger ist (617). Der Doppelgänger ist die spontan am häufigsten auftretende Form von Phantomen, wenn es sich nicht um mediumistische Sitzungen handelt. Alle Phantome lebender Personen fallen unter den Begriff des Doppelgängers, mögen sie nun auf grösserer Entfernung vom Medium einer bestimmten Person sichtbar, hörbar oder fühlbar werden, oder mögen sie nur in dem Abstand zweier Zimmer in demselben Hause von dem Medium auftreten, oder mögen sie in seiner unmittelbaren Nähe wahrgenommen werden. Auch bei mediumistischen Sitzungen erscheint das Phantom häufig als Doppelgänger des Mediums, vermuthlich gerade dann, wenn es an irgend welchem Impulse zur Formirung einer andern Traumfigur gefehlt hat. Da im Traume die übrigen Traumfiguren vorhanden sein aber auch fehlen hönnen, und nur das Traum-Ich beständig auf der Bühne des Traumes bleibt, so liegt es am nächsten, dass die niemals fehlende konstante Traumfigur der eignen Persönlichkeit vor allen unbeständigen und wechselnden Traumfiguren einen natürlichen Vorrang behauptet. Wer die Wahl hat, hat die Qual, auch das sonnambule Bewusstsein, wenn es den spontanen Impuls zur Projektion einer Traumfigur hat; so lange keinerlei Grund für die Wahl einer andern Traumfigur entscheidend wird, muss das Traumich seinen natürlichen Vorrang auch für die Projektion behaupten und geltend machen. Es wird unbedingt vorwalten, wenn das Interesse des Mediums sich gerade lebhaft mit dem eigenen Ich beschäftigt, also in starker psychischer Erregung ist; daher sind alle Phantome Lebender, die aus Erregungszuständen, Noth, Gefahren u. s. w. entspringen, nothwendig Doppelgänger.

Bei mediumistischen Materialisations-Sitzungen wird in der Regel die Absicht der ausgebildeteren Medien dahin gehen, dass Geister auftreten, nicht dass ihr Doppelgänger auftritt, und diese Absicht wird autosuggestiv dahin wirken, dass die Projektion des Traumich verhindert wird und an ihre Stelle die Projektion einer andern Traumfigur tritt. Eine Ausnahme von dieser Regel kann erfolgen erstens bei noch ungeschulten Medien, die noch gar keine Materialisationen erwarten und beabsichtigen und noch halb unwillkürlich zur Projektion des Traumich gelangen, und zweitens bei Medien, welche durch den ausdrücklichen Wunsch des Cirkels bestimmt, sich die Autosuggestion geben, dass nicht beliebige Geister, sondern gerade der Doppelgänger auftreten solle.

Man hat bei Malern und Bildhauern bemerkt, dass sie ihre Gestalten unwillkürlich den Eigenthümlichkeiten des eigenen Körpers annähern, und dass selbst das langjährige systematische Studium der normalen Körperformen nicht im Stande ist, diese Tendenz ganz zu unterdrücken, obwohl die kritische Besonnenheit des wachen Bewusstseins ihre Unterdrückung anstrebt. Um wieviel mehr muss diese Neigung zur Anähnlichung der Phantasiegestalten an die eigenen Körperformen im Traum des sonnambulen Bewusstseins freies Spiel haben, wo die kritische Besonnenheit des wachen Bewusstseins und die technische Schulung zum Künstler fehlt! Kein Wunder also, dass die Traumgestalten in ihren Körperformen, theils in den allgemeinen Maassverhältnissen, theils in der eigenthümlichen Bildung von Einzelheiten, dem Medium mehr oder weniger ähnlich sind, und zwar um so mehr, je naiver die Traumphantasie arbeitet und je weniger sie von bestimmten Vorbildern mit abweichendem Typus beeinflusst ist. Dies wird denn auch durch die Berichte über Materialisationsphantome bestätigt (619). Die Entwickelung des Mediums geht unwillkürlich vom Doppelgänger aus durch Gestalten mit zuerst geringen, später wachsenden Abweichungen hindurch, und erlangt in der Regel erst nach längerer Schulung die Fähigkeit, ganz anderartige Typen zu projiciren (316—317). Alle andern Materialisationsphantome sind nach dieser spiritistischen Ansicht auf dieselbe Weise entstanden zu denken wie der Doppelgänger und in diesem Sinne „modificirte oder umgewandelte Doppelgänger" zu nennen. Will man also die Materialisationserscheinungen richtig verstehen und beurtheilen, so muss man sich an das Fundamentalphänomen und Urphänomen dieses Erscheinungsgebietes halten, und von ihm aus Schritt vor Schritt weiter gehen.

Da tritt uns nun sofort die charakteristische Thatsache entgegen, dass es an einigermaassen glaubwürdigen Berichten über die objektive Realität der Doppelgänger durchaus fehlt. Das maassgebende englische Sammelwerk „Phantasm of the Living" hat unter tausenden von geprüften Fällen zwar viele gefunden, wo das Phantom eine wahrhafte Hallucination darstellt und auf telepathischen Rapport hinweist, aber keinen einzigen, wo das Phantom seine objektive Realität durch eine bleibende physikalische Wirkung erwiesen hätte. Herr Aksakow verspricht zwar durch die Ueberschriften zweier Kapitel Phänomene zu berichten, welche die Ausrüstung des Doppelgängers mit Attributen der Körperlichkeit oder mit der Befähigung zum Bewegen von Körpern beweist, aber der Inhalt erfüllt diese Erwartungen nicht. Der eine Fall zeigt das Misslingen des Versuchs einer physikalischen Bewegung und statt dessen ein prickelndes Gefühl im nervus ulnaris der psychisch beeinflussten Person (597), ein andrer die Uebertragung der Gehörshallucination eines donnerartigen Anschlagens an eine Thür (598), ein dritter die von Klopftönen oder Wortklanghallucinationen (600), so dass die versprochene „Telekinese" sich in blosse Telepathie auflöst (601). Weitere Beispiele zeigen die

Uebertragung des Gefühls, an der Schulter berührt zu
sein (623), diejenige von Gehörshallucinationen des An-
klopfens auf zwei Empfänger zugleich, während der
dritte Anwesende nichts hört (624—625), diejenige des
Klanges eines angeschlagenen Klaviers, dessen Objektivität auf das nachherige Zeugniss der Planchette (d. h.
auf den Glauben des Mediums) gestützt wird (625—626),
die Uebertragung einer kombinirten Gesichts- und Tasthallucination eines erwarteten Gastes (627—631) und
ähnliche Fälle. Zweifellos objektive Wirkungen werden
nur in zwei Fällen aus der älteren Literatur berichtet,
einmal das Auslöschen einer Kerze, das andre Mal das
Schreiben in der Kajüte des Schiffskapitäns (623, 635
bis 636); in beiden Fällen fehlt gänzlich die Kontrole,
ob diese Wirkungen nicht durch Anwesende hervorgebracht seien. Gleichwohl glaubt Herr Aksakow
durch diese Beispiele die Telekinese und Telesomatie
erwiesen zu haben (637).

Das ausführlich von der Baronin von Güldenstubbe
berichtete Beispiel von der habituellen spontanen Dop-
pelgängerei der Lehrerin Sagée (604—613) spricht ent-
schieden gegen die Körperlichkeit des Phantoms, weil
es dem Medium selbst unsichtbar blieb (613). Dass
dagegen die Erscheinung für jedermann ausser dem
Medium sichtbar gewesen sein soll, ist eine offenbare
Uebertreibung; wer würde in einem Pensionat von
etwa 13jährigen Mädchen wohl die einzige sein wollen,
welche gestehen möchte, die alle so gewaltig auf-
regende Erscheinung nicht gesehen zu haben! Wo wäre
auch der Boden zur Hallucinationsansteckung günstiger
als in einem Pensionat von heranwachsenden Mädchen!
Auch der leichte Widerstand, gleich dem eines feinen
Gewebes, den zwei Schülerinnen verspürt haben wollen,
als sie es wagten, die Erscheinung zu berühren, erklärt
sich zur Genüge durch eine auf die Erwartung gestützte
Einbildung des wachen Bewusstseins, ohne dass es
auch nur der Heranziehung einer associativ erweckten
Tasthallucination bedürfte. Dass aber die eine durch
einen Theil der Gestalt hindurchschreiten konnte (608),
spricht wiederum gegen deren Körperlichkeit.

Die Körperlichkeit des Doppelgängers könnte nur
durch die Photographie bewiesen werden. Solche Bei-

spiele führt Herr Aksakow vier an, die sich alle auf
unsichtbare Doppelgänger beziehen. Das erste handelt von dem berüchtigten Geisterphotographen Mumler
(104), ist also aüszuscheiden. Das zweite ist in dem
Buch des Herrn Aksakow nicht wiedergegeben, und
die angeführte Quelle ist mir nicht zugänglich (105).
Ein dritter und vierter Fall (105—106, 613—614) zeigt
eine Figur auf der Platte an einer Stelle, wo kurz vor
der Oeffnung der Kamera der betreffende Mensch
wirklich gestanden hatte. Sollte da nicht die Vermuthung einer kurzen oder schwachen Vorexposition
zu der Zeit, als der Mensch an dem Platze stand, am
nächsten liegen? Eine solche kann durch betrügerische
Absicht, aber auch durch Zufall (z. B. unzulänglichen
Verschluss der Kamera) bewirkt sein. Die Behauptung,
dass es der an der Stelle zurückgelassene Doppelgänger
sei, der den photographischen Eindruck auf der Platte
bewirkt habe, stützt sich lediglich auf die in dem einen
der Fälle durch die Planchette erhaltene Erläuterung;
dagegen vermisst man jede Ausführung darüber, ob
die betreffenden Menschen auch nur bei anderen Ge-
legenheiten sichtbare Doppelgänger oder Materialisations-
gestalten projicirt haben, oder welcher Art ihr Mediumismus war, und ob der Photographengehülfe im zweiten
Fall überhaupt irgendwelche mediumistische Anlagen
besass oder nicht. Diese Beispiele sind demnach absolut werthlos.

Alles spricht gegen die Körperlichkeit der Doppelgänger, nichts für dieselbe. Herr Aksakow könnte
dagegen geltend machen, dass die meisten Doppelgänger auf weiteren Entfernungen vom Medium beobachtet worden sind, wo der Dichtigkeitsgrad ihrer
Körperlichkeit so vermindert ist (621), dass die Körperlichkeit nur noch durch besonders feine Untersuchungen
festgestellt werden könnte. Um die Wohlthat dieses
Schlusses für sich geltend zu machen, müsste allerdings
Herr Aksakow zunächst auf die Behauptung verzichten,
dass so dünne Phantome physikalische Wirkungen
(Telekinese) hervorbringen könnten. Aber auch ein
solcher Verzicht würde ihm nichts helfen. Denn es
liegt allzudeutlich am Tage, dass bei der Telephanie
ein gleichwerthiger Ersatz zwischen Traumbild im

gewöhnlichen Schlaf, Traumbild im sonnambulen Zustand, Traumbild im larvirten Sonnambulismus und Hallucination im wachen Zustand stattfinden kann, und dass die letzteren auf dieselbe Quelle des telepathischen Rapports und auf die gleiche rein subjektive Idealität des Bildes hinweisen wie die ersteren.

Wenn es nun einerseits als erwiesen gelten darf, dass der Doppelgänger keinerlei objektive Realität oder materielle Körperlichkeit besitzt, und wenn andrerseits der Doppelgänger das Grund- und Urphänomen der sogenannten Materialisationserscheinungen ist, so liegt doch der Schluss auf der Hand, dass auch den letzteren keine objektive Realität zukommen wird. Herr Aksakow behauptet dagegen, „dass bei den Materialisationsphänomenen die Hallucination positiv gar keine Rolle spielt" (300), und schliesst daraus, dass auch einige Doppelgänger Körperlichkeit haben dürften. Den Beweis sucht er darin, dass in der Nähe der Medien physikalische Wirkungen vorgehen, dass er dieselben, auch wenn keine Doppelgänger sichtbar sind, als Wirkungen der Doppelgänger oder ihrer materialisirten Gliedmaassen deutet, und dass er die Verbindung einer psychischen Erklärung durch Hallucination mit einer physischen Erklärung durch mediumistische Nervenkraft als widerspruchsvoll und unlogisch zurückweist (322—323). Ich glaube, dass Herrn Aksakow's absolute Verwerfung der Hallucination bei scheinbaren Materialisationen auch von vielen solchen Spiritisten nicht getheilt wird, die unter Umständen eine objektive Realität der Materialisationen gelten lassen, sondern dass der Mitwirkung von Hallucinationen jetzt im Ganzen schon ein weites Gebiet eingeräumt wird. Damit ist aber schon die Vereinbarkeit beider Erklärungsarten zugestanden.

b. Die Vereinigung psychischer und physischer Erklärungsprincipien.

Herr Aksakow lässt die drei von mir aufgestellten methodologischen Grundsätze gelten, fügt aber seinerseits noch einen vierten hinzu: „Jede Hypothese oder Theorie, welche zur Erklärung von Phänomenen eines

gewissen Gebietes aufgestellt wird, muss den ganzen
Komplex der Phänomene dieses Gebietes umfassen"
(333). Dieser Grundsatz widerspricht dem Axiom, dass
gleiche Wirkungen verschiedene Ursachen haben können,
und gilt deshalb nicht einmal für ein einheitliches Erscheinungsgebiet von lauter gleichartigen Wirkungen,
noch viel weniger aber für ein so komplicirtes Erscheinungsgebiet, wie das mediumistische, in welchem die
verschiedenartigsten Wirkungen sich mischen und
kreuzen. Insbesondre verlangt die am meisten hervor-
stechende Doppelheit psychischer und physischer Wirkungen auch die entsprechende Doppelheit von psychischen und physischen Erklärungsprincipien; es fragt
sich nur, welche Erscheinungen psychischer, welche
physischer Art sind, und diese Entscheidung wird durch
die Aufstellung jenes falschen Grundsatzes um nichts
leichter gemacht.

In der That benutzt auch Herr Aksakow diesen
vierten Grundsatz nur polemisch gegen mich, kehrt
sich aber selbst gar nicht an denselben, indem er psychische Erklärungsprincipien, wie den telepathischen
Rapport, und physische wie die Materialisation von
Gliedmaassen oder Gestalten genau ebenso kombinirt
wie ich die Hallucinationsübertragung und die mediumistische Nervenkraftwirkung. Er giebt sogar zu, dass
eine Geist-Erscheinung in einem Falle ein nur psy-
chisches Phänomen, eine wahrhaftige Hallucination sein
kann, in einem andern Falle eine materielle Willens-
objektivation mit physischer Wirkungsfähigkeit, dass
also zwei verschiedene Erklärungsweisen einer gleich
benannten Erscheinung möglich sind (757—758). Er
geht noch weiter, indem er für dieselben Erscheinungen
die Möglichkeit einräumt, dass ihr Erklärungsprincip in
ganz verschiedenen Sphären, in der irdischen Mensch-
heit und im jenseitigen Geisterlande liegen könne
(341). Damit ist sein Grundsatz praktisch umgestossen,
und es bliebe nur sein Widerstreben übrig, das gleichzeitige Zusammenwirken mehrerer Erklärungsursachen
bei einer scheinbar einheitlichen Gesammterscheinung
einzuräumen.

Nun giebt es aber keine Erscheinung in der Welt,
bei der nicht genau genommen zahllose Ursachen

zusammenwirkten. Die theoretische Physik und Chemie
und insbesondere die Mechanik des Atoms sucht die
Komplikation der Erscheinungen zu vereinfachen; aber
das sind doch blosse Abstraktionen aus der unendlichen
Komplikation der Wirklichkeit. Insbesondere wo wir
eine Verbindung psychischer und physischer Wirkungen
zu einer Gesammterscheinung vor uns haben, wie fast
bei allen mediumistischen Vorkommnissen, kann die
Gleichzeitigkeit und Kooperation von psychischen und
physischen Erklärungsprincipien gar nicht in Frage
kommen. Der Streit dreht sich gar nicht um die Erklärungsprincipien, sondern um dasjenige, was an einer
Gesammterscheinung psychisch und was an ihr physisch ist, ob eine der beiden Seiten (insbesondere die
physische) auf Null herabzusinken scheint, oder in
welchem Maasse beide verbunden sind. Sobald diese
Thatsachenfrage gelöst ist, wird die verhältnissmässige
Betheiligung der psychischen und physischen Erklärungsprincipien sich ganz von selbst ergeben.

Herr Aksakow wirft mir vor, dass ich eine mit
Nervenkraft gefütterte Hallucination (146) oder eine
Hallucination mit physischen Wirkungen aufstelle (302).
Ich bestreite durchaus die physikalische Wirkungsfähigkeit einer Hallucination, weil dieselbe, selbst wenn sie
wahrhaft ist, nur subjektive Bewusstseinserscheinung ist,
der keine transcendente Realität entspricht. Ich bestreite
auch, dass eine bloss subjektiv ideale Hallucination mit
einer objektiv realen Kraftwirkung irgend wie zu einer
Einheit verschmelzen kann, weil beide zu verschiedenen
Seins-Sphären (des inneren Bewusstseins und des äusseren Daseins gehören). Wohl aber habe ich behauptet,
dass eine Hallucination mit einer sinnlichen Wahrnehmung zu einer einheitlichen subjektiven Erscheinung
verschmelzen kann, da beide innerhalb derselben Sphäre
der Subjektivität liegen. Diese Verschmelzung findet
bei jeder Illusion statt, indem Theile der sinnlichen
Wahrnehmung durch eine hinzutretende hallucinatorische
Anschauung überlagert und unterdrückt werden; in
jeder Illusion haben wir eine unvollständige Hallucination, die mit sinnlicher Wahrnehmung ausgefüllt,
oder wie Herr Aksakow zu sagen liebt: „gefüttert" ist.
In jeder Mischung eines Traumbildes mit Elementen der

sinnlichen Wahrnehmung (z. B. Geräuschen, Lichtschein, Tastempfindungen) haben wir solche Verschmelzungen vor uns, die unsrer Erfahrung zugänglich sind.

Warum soll diese Verschmelzung zweier subjektiven Elemente nun grade in dem Falle ausgeschlossen sein, wenn die Hallucination durch Vorstellungsübertragung suggerirt ist, und die sinnliche Wahrnehmung sich auf einen physischen Vorgang bezieht, der durch den Vorstellungsübertrager real hervorgebracht ist? Grade der Umstand, dass Hallucination und physische Kraftwirkung in dem Bewusstsein des Uebertragenden von vornherein als zur Einheit verschmolzen auftreten, muss doch die Verschmelzbarkeit der direkt übertragenen Hallucination und der durch den physischen Vorgang vermittelten sinnlichen Wahrnehmung im Bewusstsein eines Dritten begünstigen! Und wenn der Impuls zur Vorstellungsübertragung und der Impuls zur physischen Kraftwirkung im Medium unbewusst funktioniren und dem sonnambulen Bewusstsein des Mediums nur die einheitliche subjektive Gesammterscheinung vorschwebt, so wird in dem Empfänger die Hallucinationsübertragung durch die sinnliche Wahrnehmung, und diese durch jene unterstützt und befördert werden und in der übertragenen Hallucination schon die Anleitung zur Verschmelzung beider aus verschiedenen Vermittelungen fliessenden Eindrücke und die Tendenz zum einheitlichen Gesammtbilde mit übertragen werden. Die Impulse zur physischen Kraftwirkung werden aber dann dem Medium am wenigsten bewusst sein, wenn die Kraftäusserungen nicht durch das Spiel willkürlicher Muskeln, sondern durch die mediumistische Nervenkraft vollzogen werden; solche Kraftwirkungen werden im sonnambulen Bewusstsein des Mediums am innigsten mit dem übrigen Inhalt des sonnambulen Traumbildes verschmelzen und deshalb werden auch solche Traumbilder die stärkste Tendenz haben, den sie durch Uebertragung Aufnehmenden zur Verschmelzung mit der bezüglichen sinnlichen Wahrnehmung hinzudrängen.

c. Die Hallucinationshypothese.

Nachdem wir so die Einwendungen des Herrn Aksakow gegen die Vereinbarkeit der Hallucinationshypothese mit physikalischen Erklärungsprincipien als unstichhaltig erkannt haben, müssten wir zu den Bedenken übergehen, welche er gegen die Hallucinationshypothese als solche vom theoretischen Standpunkt geltend macht. Indessen ist der betreffende Abschnitt (304—323) vor Kenntnissnahme meines gegen Hellenbach gerichteten Aufsatzes „Geister oder Hallucinationen"*) geschrieben und dann unverändert belassen (301), so dass das, was ich zu bemerken hätte, dort schon vorweggenommen ist. Nur einige Bemerkungen will ich hier wiederholen, beziehungsweise nachholen.

Jedes Medium ist ein zugleich aktiver und passiver Autosonnambuler; aktiv ist das suggerirende wache Bewusstsein, sofern es fortbesteht, passiv und aktiv zugleich ist das sonnambule Bewusstsein, nämlich passiv in Bezug auf die Aufnahme der autosuggestiven Direktive des wachen Bewusstseins, aktiv in Bezug auf die nähere Durchführung und thätige Ausführung der erhaltenen Direktive und in Bezug auf spontane Einfälle. Diese Verbindung von Aktivität und Passivität ist keineswegs etwas Ungeheuerliches oder auch nur Ungewöhnliches, wie Herr Aksakow glaubt, sondern in jedem Bewusstsein auf jeder Stufe zu finden; das Leben ist überall eine Einheit zwischen Aktivität und Passivität und nur in dieser Form denkbar. Nur wird durch das stärkere Hervortreten des Doppelbewusstseins im larvirten Sonnambulismus diese Erscheinung besonders auffällig, während sie sonst unbemerkter stattfindet. Auch im künstlichen Sonnambulismus ist das wache Bewusstsein wohl unterdrückt, aber nicht ganz erloschen, sondern fährt fort, Direktive zu geben, wie man daraus entnehmen kann, dass Fremdsuggestionen unausgeführt bleiben oder umgangen werden, wenn sie zwar den Voraussetzungen des sonnambulen Bewusstseinszustandes gemäss, denen des unterdrückten wachen Bewusstseins aber gar zu widersprechend sind (vgl. Moll's „Hypno-

---

*) Sphinx 1887, Bd. IV S. 8—29.

tismus" 2. Aufl. S. 135, 146 fg.). Um wie viel mehr
müssen solche fortlaufenden Direktive zu erwarten sein,
wo das wache Bewusstsein nur wenig verdunkelt scheint,
d. h. im larvirten Sonnambulismus. Je weiter die Entwickelung der Medien fortschreitet, desto mehr gelingt
es ihnen, Leistungen im larvirten Sonnambulismus zu
produciren, die ihnen zuerst nur im rein sonnambulen
Zustand gelangen; ihr Bestreben ist also offenbar dahin
gerichtet, die Direktion des Traumablaufs durch Autosuggestionen von Seiten des wachen Bewusstseins möglichst in der Hand zu behalten. Nach Herrn Aksakow's
Versicherung ist dies neuerdings sogar bei Materialisationssitzungen schon gelungen.

Befindet sich ein Medium im rein sonnambulen
Zustand, so fehlt ihm für so lange der sinnliche Rapport
mit den Anwesenden, es verhält sich genau so zu
allen Anwesenden, wie ein Hypnotisirter zu allen mit
Ausnahme des Hypnotiseurs. Das Magnetisiren anderer Personen, die Ausübung der mediumistischen
Nervenkraft und die Hallucinationsübertragung sind
Aeusserungen der Aktivität des sonnambulen Bewusstseins, die nur diesem zukommen, und vermuthlich eine
gemeinsame organische Wurzel haben. Sie lassen sich
von einander sondern, wie die Bewegungen der Finger
derselben Hand, aber das Natürliche ist ihre einheitliche
Bethätigung, nach Maassgabe der auf das Traumbild
gerichteten unbewussten Impulse, wenn auch mit verschiedenem Stärkeverhältniss der Komponenten. Wie
wir vorhin sahen, dass die Nervenkraftwirkung und
die Hallucinationsübertragung dem sonnambulen Bewusstsein des Mediums als einheitliche, auf die Erzeugung einer einheitlichen subjektiven Erscheinung in
jedem Anwesenden gerichtete Thätigkeit auftritt, so ist
auch die Hallucinationsübertragung und der magnetische Einfluss auf die Anwesenden, durch den ihnen
die Hallucinationsempfänglichkeit verliehen oder die
vorhandene gesteigert wird, im Medium als ein und
dieselbe Thätigkeit mit zwei nur durch unsere Abstrak-
tion trennbaren Seiten zu denken.

Das Gedächtniss leitet aus den Traumbildern des
sonnambulen Bewusstseins in den Vorstellungskreis des
wachen Bewusstseins um so leichter hinüber, je weniger

tief die Depression des wachen Bewusstseins während des Traumbildes ist. Dieses Gesetz gilt ja auch für die Traumbilder des gewöhnlichen Schlafes; man erinnert sich ihrer um so leichter, je näher der Erregungszustand des wachen Bewusstseins unterhalb der Schwelle an die Schwelle herangerückt war. Die Erinnerungsfähigkeit ist demnach grösser bei sonnambulen Traumbildern, die man im larvirten Sonnambulismus, als bei solchen, die man im rein sonnambulen Zustande gehabt hat; sie ist am grössten bei Hallucinationen, in welchen das sonnambule Bewusstsein gleichsam stossweise die Schwelle überschreitet und in einen sonst normalen Zustand des wachen Bewusstseins hineinragt. In diesem Falle wird die Hallucination sofort in den Vorstellungskreis des wachen Bewusstseins apperceptiv eingegliedert und die für die Erinnerung nöthigen Associationen in einem durch die Auffälligkeit des Eindrucks besonders verstärkten Maasse gewonnen. In dieser Lage befinden sich die Theilnehmer einer Materialisationssitzung, in derselben wie ein Mensch, der von einem anderen mit einem spontanen Vorgesicht angesteckt wird. Sie brauchen weder in Schlaf noch in larvirten Sonnambulismus versetzt zu sein, und können doch die Hallucination empfangen, die eben darum sich ihrem wachen Gedächtniss fest einprägt.

Da die Sitzungstheilnehmer vom Medium nicht hypnotisirt zu werden brauchen, so bedarf es auch ihrer Einwilligung zum Hypnotisirtwerden nicht. Wohl aber bedarf es eines gewissen Grades von Entgegenkommen und passiver Hingabe an die Einflüsse des Mediums; wo diese fehlt, wird das sensitive Medium einen störenden Widerstand empfinden, der es nicht zum Gelingen von Materialisationen kommen lässt. Bei der Hypnotisirung und bei der Hallucinirung ist gleichmässig eine gewisse Passivität und das Fehlen jeder aktiven Koncentration der Gedanken erforderlich, aber in verschiedenem Grade je nach der Tiefe, zu der das wache Bewusstsein herabgedrückt werden soll, und je nach der Stärke des psychischen und magnetischen Einflusses. Beim Hypnotisiren soll das wache Bewusstsein vollständig unterdrückt werden, beim Halluciniren nur eine vereinzelte dem sonnambulen Bewusstsein ein-

gepflanzte Vorstellung über die Schwelle gehoben
werden; das Hypnotisiren wird jetzt meist von Menschen
ohne merkliche magnetische Kraft vorgenommen, das
Halluciniren nur von Materialisationsmedien, d. h. Individuen von hervorragender magnetischer Kraft. Es ist
daher kein Wunder, dass zur Vermeidung der Ge-
dankenkoncentration beim Halluciniren Musik oder
leichte Unterhaltung genügt, während zum Hypnotisiren
schweigende und völlig gedankenlose Passivität erforderlich ist.

Wir sahen schon oben, dass die Medien zunächst
unwillkürlich ihr eigenes Traumich in das sonnambule
Bewusstsein der Theilnehmer hinausprojiciren und erst
allmählich von dessen Formen abweichend zu fremd-
artigen Typen übergehen. Diese Uebertragung des
Traumich ist so zu denken, dass das im Kabinet schla-
fende Medium auf Grund seines autosuggestiven Wun-
sches sich in den Cirkel hineinschreitend träumt, wofern
es nicht schlafwandelnd aufsteht und persönlich hinein-
schreitet. Traumbild und Traumhandlung können vi-
karirend für einander eintreten wie die bloss geträumte
und die wirklich vollzogene Ausführung einer posthypno-
tischen Fremdsuggestion. Das persönliche Heraustreten
aus dem Kabinet in modificirter Erscheinungsgestalt des
Traumich führt zu „Illusionen" der Theilnehmer, das
bloss geträumte Hervortreten zu Hallucinationen, die
für Materialisationserscheinungen gehalten werden (insbesondere, wenn gleichzeitig das Verbleiben des schla-
fenden Mediums im Kabinet konstatirt wird). Werden
andre Typen als der Doppelgänger gewünscht, so wirkt
dieser vom Medium angeeignete Wunsch autosuggestiv
dahin, dass der sonnambule Traum das Hervortreten
anderer Gestalten aus dem Kabinet in den Cirkelraum
vorstellt, insbesondre dann, wenn das Medium verhindert ist, persönlich herauszutreten und wenn Typen
gewünscht werden, die zu weit von dem des Mediums
entfernt liegen, um diesem Wunsche durch „Illusion"
genügen zu können.

Das Medium kann auch mehrere verschiedene
Typen als nacheinander oder gleichzeitig auftretend
träumen, es kann vollständige oder unvollständige Gestalten träumen, und kann ein allmähliges Hervor-

wachsen und Versinken der Gestalten träumen. Es kann auch träumen, dass es selbst schlaftrunken mit der andern Traumgestalt zugleich aus dem Kabinet trete und kann diesen Traum für sein Theil durch Traumhandlung verwirklichen. Oder es kann träumen, dass die andre Traumgestalt sich aus seinem Nabel durch eine Art von Nabelstrang entwickele oder aus seiner Brust hervorwachse. Dieser Inhalt seines Traumes hängt ganz von der Entwickelung der ihn beinflussenden spiritistischen Dogmen, beziehungsweise von den ihm bekannten Wünschen, Erwartungen und Ueberzeugungen der Anwesenden ab. Bei allem Trauminhalt aber wird die Tendenz der Hallucinationsübertragung dieselbe sein, so lange der Wunsch nach Materialisationssitzungen besteht, und die Wirkung dieser Tendenz wird eintreten, insoweit die Kraft des Mediums ausreicht und nicht durch Störungen behindert wird. Wäre die Entwickelung der spiritistischen Dogmen statt auf die Materialisation von Geistergestalten aus dem Organismus des Mediums auf das Auf- und Absteigen der Engel gegangen, so würden die Medien eben dieses ihren Besuchern dargeboten haben. Aber der Glaube muss werden und wachsen und lässt weder sich kommandiren noch mit sich experimentiren, und ohne Glauben der Medien würde die Sitzung misslingen.

Herr Aksakow nimmt an, dass ein Medium durch telepathischen Rapport Worte und Gedanken in das Bewusstsein eines andern übertragen könne (702), und dass dies eine grössere Leistung sei, als die Uebertragung einer Hallucination (z. B. einer sonnambulen Traumgestalt). Er muss weiter einräumen, dass die Uebertragung einer solchen Hallucination in die Ferne eine grössere Leistung ist als in die unmittelbare Nähe, dass die Anknüpfung des Rapports für diese Uebertragung auf einen seinen gewöhnlichen Geschäften Nachgehenden schwerer sein muss, als auf einen Cirkelsitzer, der den Einflüssen des Mediums halbwegs entgegenkommt. Wenn nun ein nichts Ahnender bei irgend welcher andern Beschäftigung durch telepathischen Rapport eine dem gleichzeitigen Bewusstseinsinhalt des Mediums entsprechende Hallucination empfangen kann und dieselbe in den Inhalt seines wachen

Bewusstseins associativ eingliedern und dadurch dem
wachen Gedächtniss einprägen kann, warum bekämpft
da Herr Aksakow die Möglichkeit des nämlichen Vorganges bei einem Sitzungstheilnehmer? Wenn er im
Besitz von Thatsachen zu sein glaubt, welche für bestimmte Fälle die Körperlichkeit der Materialisationserscheinungen beweisen sollen, so begreift es sich, dass
er die Zulänglichkeit der Hallucinationshypothese zur
erschöpfenden Erklärung aller Erscheinungen bestreitet.
Aber ich verstehe nicht, wie er so weit gehen kann,
im Widerspruch mit seiner eigenen viel weiter reichenden Annahme telepathischer Hallucinationsübertragung
das Vorkommen einer Hallucinationsübertragung vom
Medium auf Anwesende zu bekämpfen (300). Doch
wohl nur deshalb drängt sich dieser Widerspruch ein,
um den Geistern das ganze Gebiet frei zu halten, welche
doch nach Herrn Aksakow mit den Materialisationserscheinungen auf alle Fälle direkt nichts mehr zu thun
haben, gleichviel ob dieselben körperlich oder blosse
Hallucinationen sind.

2. Objektiv-reale Erscheinungen.

Sehen wir nun, welcher Art Herrn Aksakow's
Beweise dafür sind, dass einige der Materialisationserscheinungen körperlich sein müssen, so sind es zwei.
Erstens verwirft er die Hypothese der Nervenkraft für
nicht gradlinige Wirkungen und setzt an ihre Stelle
die Hypothese, dass alle solche physikalischen mediumistischen Wirkungen durch materialisirte Gestalten
oder Gliedmaassen vollbracht werden (324—325); aus
den erhaltenen Abdrücken und Gussformen soll die
Materialität dieser Gliedmaassen folgen und aus ihr die
Materialität auch der gesehenen Gliedmaassen und der
gesehenen Gestalten, denen sie angehören. Zweitens
soll durch die Photographie die Materialität der Gestalten dargethan sein. Prüfen wir beide Beweise der
Reihe nach.

a. Die Wirkungsweise der mediumistischen Nervenkraft.

Herr Aksakow giebt zu, dass gradlinige Anziehung und Abstossung eines Gegenstandes vom Medium aus durch eine noch unbekannte Kraft ohne materialisirte Gliedmaassen möglich sei, und dasselbe räumt er für die Levitation und verstärkte Gravitation von Gegenständen ein, sofern diese gradlinig lothrecht wirkt (325). Er giebt damit nur gradlinige Kraftwirkungen zu, übersieht aber, dass sich aus je zweien dieser gradlinigen Kraftwirkungen gekrümmte Bewegungen zusammensetzen müssen. Nur das ist richtig, dass alle diese Bewegungskurven in lothrechten Ebenen liegen müssten, die durch das Medium gehen, und dass es zur seitlichen Abweichung nach rechts oder links sekundärer Kraftcentra bedarf, die nicht im Medium liegen.

Herr Aksakow übersieht hierbei abermals, dass schon die Levitations- und lothrechten Druckerscheinungen anderer Körper als des Mediums selbst solche sekundäre Kraftcentra erfordern, dass er also selber schon das voraussetzt, was er mir verweigert. Das Schwererwerden oder Leichterwerden eines Tisches nach dem Willen des Mediums ist nur verständlich, wenn der Tisch mit einer die Erde anziehenden oder abstossenden Kraft geladen wird, d. h. wenn in dem Tisch sekundäre Kraftcentra etablirt werden. Wer aber einen Tisch mit solchen Kräften laden kann, dürfte das auch mit einem Tisch und einem Stuhl können, so dass sich zwischen Tisch und Stuhl nun dasselbe Spiel entwickelt, wie vorher zwischen Tisch und Erde. Damit ist aber die Möglichkeit gegeben, die Bewegungen auch seitlich zu dirigiren und alle möglichen Krümmungen zusammenzusetzen.

Bei einer mediumistischen Sitzung mit physikalischen Erscheinungen müsste angenommen werden, dass das ganze Zimmer, Wände, Fussboden, Decke, Möbel, Menschen und selbst die in der Luft schwebenden Staubtheilchen mit einer unbekannten Kraft geladen sind, welche sich unsrer Sinneswahrnehmung entzieht, so lange sie zerstreut ist, aber dem sensitiven Nervensystem empfindlich wird. Diese Kraft kann bei punk-

tueller Koncentration durch eine Menge matt flimmern-
der Lichtpunkte oder durch einzelne stärkere Lichter
dem Auge, durch kleine Erschütterungen oder Explo-
sionen (Klopflaute oder Krache) dem Ohr vernehmlich
werden, und durch materielle Zerreissungen oder Abtren-
nungen, durch Lichtanzünden oder Lichtauslöschen u. s. w.
bleibende physikalische Wirkungen hinterlassen. Die
nämliche Kraftladung kann bei anderartiger Vertheilung merkliche Anziehungen und Abstossungen auf
bestimmte Gegenstände äussern, bei denen nächst dem
Medium, dem Sitzungstisch und den Sitzungstheil-
nehmern die Zimmerwandungen die wichtigste Rolle
spielen dürften. Die sekundären Kraftcentra können
nur insofern nach dem Willen des Mediums wirken,
als dasselbe entweder die in ihnen aufgespeicherten
Kräfte vermehrt oder vermindert, zerstreut oder kon-
centrirt, oder die sekundären Kraftcentra in ihrer räum-
lichen Stellung zu sich und zu andern Gegenständen
verschiebt.

Dass sich unter diesen Voraussetzungen z. B. das
Herumschweben einer Guitarre im Sitzungszimmer in
allen möglichen Kurven dreifacher Krümmung erklären
lässt, dürfte Herr Aksakow kaum bestreiten; er findet
aber diese Erklärung viel zu komplicirt und will
an ihre Stelle eine viel einfachere setzen, nämlich
die, dass materialisirte Organe (hier also eine Hand)
die Guitarre herumführen (324). Ist diese Annahme aber
wirklich einfacher? Die Guitarre wird nun durch die
Hand gehalten und bewegt, aber wodurch die Hand?
Etwa durch einen unsichtbaren menschlichen Körper,
an dem sie sitzt, durch einen Körper, der unsichtbar
auf dem Fussboden steht oder geht? Unmöglich, weil
die Dichtigkeit der Materialisation bei einem noch unsichtbaren Körper so gering anzunehmen wäre, dass er
in den Fussboden einsänke, und weder gehen noch
auch eine dichter materialisirte Hand festhalten und
fortführen könnte. Wenn an der Hand ein unsichtbarer
Körper sitzt, so muss er dadurch gehalten und bewegt
werden, dass er mit einer Kraft geladen ist, die ihn
durch ihre Beziehungen zur Erde, den Zimmerwänden,
dem Medium u. s. w. leitet. Die Verbindung zwischen
Hand und Körper müsste jedenfalls auch durch Kräfte

der gleichen Art gesichert werden. Sitzt aber kein Körper an der Hand, so muss die Hand erst recht unmittelbar durch Kräfte getragen und bewegt werden.

Diese Kräfte können nur daher stammen, von wo auch der Stoff zur Materialisation entlehnt ist, d. h. aus dem Medium; sie können auch nur von demjenigen Bewusstsein dirigirt werden, das mit diesen organischen Stoffen und Kräften organisch verbunden ist, d. h. von dem sonnambulen Bewusstsein des Mediums. Herr Aksakow muss also genau dieselben Annahmen für die Hand (bezw. den daransitzenden Körper) machen, wie ich für die Guitarre. Während nach meiner Erklärung das Medium seine Kräfte direkt auf die Guitarre richtet, muss es dieselben nach seiner Erklärung auf die Hand mit oder ohne Körper richten. Insoweit wären beide Erklärungsversuche gleich komplicirt; Herr Aksakow kann keine der verwickelten Annahmen entbehren, die der meinige nöthig hat. Herr Aksakow fügt aber zu meinen Voraussetzungen die weitere Komplikation hinzu, dass das Medium zunächst aus seinem organischen Stoff eine Hand bis zu der Dichtigkeit materialisiren muss, dass sie eine Guitarre festhalten und herumbewegen kann. Gerade um diese Kleinigkeit ist meine Annahme einfacher.

Wählen wir ein andres Beispiel, bei dem die Hypothese des Herrn Aksakow uns weniger unwahrscheinlich als hier anmuthet, wo von einem handähnlichen Druck auf die Guitarre keine Spur nachweisbar wird; denken wir an die handähnlichen Druck- und Zugverknüpfungen an einem schreibenden Griffel. Herr Aksakow nimmt an, dass eine vom Medium materialisirte Hand den Griffel leitet. Dabei ist mir allerdings unverständlich, woher eine unsichtbar dünne Materialisation die Undurchdringlichkeit nimmt, um einen Griffel zu halten und zu bewegen; denn die Hand durchdringt ja ohne Widerstand die verschlossene Schiefertafel, und doch wird sie nicht ohne Widerstand von dem drinliegenden Griffelstückchen durchdrungen, da sie ja sonst nicht damit schreiben könnte. Sie ist also durchdringlich für die Tafel, undurchdringlich für das Griffelstückchen. Für ein solches gleichzeitig entgegengesetztes Verhalten zu zwei Körpern von gleicher Struktur fehlt uns am materiellen Körper jede Analogie, während wir von vielen Kraftwirkungen (z. B. Magnetismus, Induktion, Gravitation) wissen, dass sie die Materie durchdringen und doch auf die dahinterliegende gleichartige Materie ihre Wirkung entfalten können, wenn die letztere mit specifischen Kräften geladen ist.

Herr Aksakow huldigt ebenso wie ich einer dynamistischen Auffassung der Materie, nach welcher die Undurchdringlichkeit der festen Körper nur eine relative und zwar ein bloss phänomenales Produkt von abstossenden und kohäsiven Kräften ist. Wir sind also darin einig, dass die Bewegungen des Griffelstückchens durch Druck- und Zugkräfte bewirkt sein müssen, ähnlich denen, welche die den Griffel berührenden Hautstellen der Schreibefinger einer Hand hervorbringen. Wir sind ferner darin einig, dass diese Kraftwirkungen durch das Setzen sekundärer Kraftcentra an der Oberfläche des zu bewegenden Griffelstückchens vermittelt sein müssen, die den in der Hautoberfläche der Schreibefinger liegenden Kraftcentren entsprechen. Wir sind drittens darin einig, dass die direkten oder indirekten dynamischen Beziehungen dieser sekundären Kraftcentra zum Medium die absperrende Tafel widerstandlos durchdringen, und viertens darin, dass dieser ganze Komplex geordneter dynamischer Beziehungen aus den organischen Kräften des Mediums stammt und unmittelbar von dem sonnambulen Bewusstsein des Mediums geleitet wird.

Mit diesen gemeinsamen Annahmen begnüge ich mich; Herr Aksakow fügt die weitere Komplikation hinzu, dass hinter den an der Griffeloberfläche liegenden sekundären Kraftcentren, die den Angriffspunkten der Schreibefinger entsprechen, vom Medium noch eine Anzahl andrer sekundärer Kraftcentra gesetzt werden müssen, welche den Atomen und Molekülen der Schreibehand in ihrer ganzen Dicke entsprechen. Diese Annahme trägt offenbar zur Erklärung der Griffelbewegungen nicht das Mindeste bei, erspart nichts von den für die Fixirung und Leitung erforderlichen dynamischen Wirkungen des Mediums, fügt aber die Unbegreiflichkeit hinzu, dass eine solche materialisirte Hand die Tafel widerstandslos durchdringen kann. Der Unterschied beider Erklärungen wäre in grobsinnlichem

Vergleiche so darzustellen. Nach der meinigen schreibt das Medium mit einer langen unsichtbaren Reissfeder, in deren Spitze das Griffelstückchen eingespannt ist, nach der des Herrn Aksakow mit einer künstlichen Hand, die an dem Ende der Reissfeder befestigt und zwischen deren Finger das Griffelstückchen geklemmt ist. Die absperrende Tafel ist durchdringlich für die Reissfeder, weil diese nach unser beider Annahme aus dynamischen Beziehungen ohne Materialität bestehen soll; aber sie kann nicht ebenso durchdringlich sein für die künstliche Hand, weil die dynamischen Verhältnisse der letzteren materieller Art, d. h. der Anordnung der Atomkräfte in einer materiellen Hand analog sein sollen.

Gehen wir weiter zu dem Abdruck einer Fusssohle auf dem berussten Papier, das auf die Innenseiten einer verschlossenen Doppeltafel geklebt ist. Wir sind darin einig, dass innerhalb der Tafel auf der Oberfläche der Russpartikelchen vom Medium eine Menge sekundärer Kraftcentra installirt werden müssen, die der Anordnung der Atomkräfte in der Hautoberfläche einer Fusssohle entsprechen, und dass dann durch Druck- resp. Zugwirkung des Mediums auf diese Oberflächen-Gruppirung von Kraftcentren eine Verschiebung der Russtheilchen auf dem Papier stattfinden muss. Herr Aksakow fügt zu dieser uns gemeinsamen Annahme die weitere Annahme hinzu, dass das Medium hinter dieser Oberflächenanordnung von Kraftcentren noch unendlich viele Schichten weiterer Kraftcentra installiren müsse, wie sie in einem materiellen Fusse als Atome und Moleküle vorausgesetzt werden. Dieser Zusatz ist wiederum werthlos für die Erklärung und unbegreiflich in Bezug auf die Durchdringlichkeit der Verschlusstafel. In Bezug auf die Direktion der Oberflächenkräfte durch das Medium gewährt die Annahme der dahinterliegenden Materialisationsmasse keinerlei Erleichterung, sondern macht die Aufgabe für das Medium komplicirter und schwerer.

b. Die Gliederabgüsse.

Wir gelangen weiter zu den Paraffingussformen von Händen und Füssen. Ich habe in meiner Spiritis-

musschrift*) angenommen, dass solche Vorkommnisse
nicht mit den Zöllner'schen Berichten über Abdrücke
auf eine Stufe zu stellen sind, dass es sich hier überhaupt nicht um mediumistische Wirkungen, sondern
wohl meist um Abdrücke der im Traume die Rolle
des Phantoms spielenden Medien handelt, und ich bin
durch die langen Ausführungen des Herrn Aksakow
(165—216) nicht eines Besseren überzeugt worden. Entweder taucht das Medium seine eigenen Hände oder
Füsse in Paraffin, oder es taucht künstliche Hände und
Füsse ein, die von der Bildung der seinigen abweichen
und die es zu dem Zweck mitgebracht hat, oder ein
Helfershelfer taucht seine eigenen Gliedmaassen ein, oder
ein Helfershelfer taucht künstliche Gliedmaassen ein. Ich
habe kein Beispiel gefunden, wo nicht eine dieser Erklärungen ausreichte.

Die Berichte, fast ausschliesslich amerikanischen
Ursprungs, lassen erkennen, dass es den Beobachtern
an dem Bewusstsein fehlte, wie nothwendig es sei, alle
diese Punkte zu beobachten. Entweder sind die Vor-
kehrungen so getroffen, dass die Hände oder Füsse des
Mediums unbeobachtet operiren, also auch künstliche
Gliedmaassen eintauchen können; oder das Medium sitzt
in einem Kabinet mit einem Fenster, durch das Helfershelfer unbeobachtet herein und hinaussteigen können,
um sich als Phantome zu produciren, oder das Medium
selbst kann sich mit oder ohne Hülfe von Illusionen
als Phantom produciren und vor den Augen des Publikums Abdrücke seiner Gliedmaassen erzeugen, die dann
freilich den seinigen ähnlich sein werden. Die vor
Tausenden von Zuschauern nach gedruckten Programmen
abgespielten Vorstellungen des Taschenspielerpaares
Homes und Fay und des Bostoner Exmediums Fay,
welche in Berlin im Sommer und Herbst 1890 zu sehen
waren, haben zur Genüge gezeigt, dass in dem Zelte
künstliche Hände auch dann arbeiten und zielbewusste
Bewegungen verrichten können, wenn das Medium frei

---

*) Herr Aksakow tadelt mich auf S. 166 wegen eines unrichtigen
Citats aus den „Psych. Stud." auf S. 89 meiner Schrift; er citirt aber
wiederum mein Citat unrichtig (VI 526, IV 545—548 statt VI 526,
545—548). Vermuthlich soll es heissen: (VI 526, V 545—548), da
Herr Aksakow die letztere Stelle auf S. 215 selber citirt.

sichtbar in ganzer Figur dicht vor dem Zelt sitzt; warum sollten da die künstlichen, vom Medium zielbewusst geleiteten Hände nicht auch Gussformen im Zelt erzeugen können? Wir befinden uns hier, ebenso wie bei dem Herausschlüpfen aus Fesseln oder bei dem Arbeiten trotz der Fesselung, recht eigentlich in der Domaine der höheren Taschenspielerei.

Herr Aksakow legt besonderes Gewicht auf den Umstand, dass die zarten Paraffingussformen durch das Herausziehen der Hand, durch welche sie gebildet sind, auch dann nicht beschädigt werden, wenn die Mündung der Gussform enger ist als ihr mittlerer Theil, wenn sie also bis zur Handwurzel oder bis zum Unterarm reicht und wohl gar die Hand in etwas gekrümmter Haltung zeigt. Er erklärt es für unmöglich, diese Wirkung durch die Hand eines lebenden Menschen oder durch eine künstliche Hand zu erreichen, und sieht in der Existenz solcher Gussformen einen genügenden Beweis dafür, dass die sie bildenden Hände sich vor dem Herausziehen in gewissem Grade dematerialisirt haben müssen, also nur die Hände von Materialisationserscheinungen gewesen sein können. Er übersieht dabei, dass, was einem gewöhnlichen Menschen unmöglich ist, darum doch einem besonders gebauten möglich sein kann, dass die Verschiebbarkeit und willkürliche Zusammendrückbarkeit der Handknochen durch Uebung sehr gesteigert werden kann, und dass eine Hand, die geschmeidig genug ist, um durch die Fesselung des Handgelenks herauszuschlüpfen, wohl auch durch den Hals der Gussform wird herausschlüpfen können. Er übersieht ferner, dass die mitgebrachten künstlichen Hände auch hohle, mit Wasser oder Luft gefüllte Häute (aus Kautschuk, Hausenblasenleim, Collodium elasticum oder ähnlichen Stoffen) sein können, deren Füllung vor dem Herausziehen aus der Form abgelassen werden kann. Solche Häute lassen sich unter Benutzung einer vorher in aller Musse präparirten Gussform mechanisch so herstellen, dass sie das Hautgeäder mit abzeichnen.

Die bisherigen Berichte über Gussformen bieten hiernach keinerlei Anlass, sich auch nur hypothetisch mit ihrer Erklärung aus mediumistischen Kräften zu beschäftigen. Da indess Herr Aksakow sich in dem

Irrthum befindet, dass eine etwaige Konstatirung echter mediumistischer Gussformen die Materialität der Phantome unumstösslich beweisen würde, so will ich trotzdem erörtern, was sich nach meiner Ansicht aus solchen echten Gussformen höchstens schliessen lassen würde. Es wäre dies die Etablirung von sekundären Kraftcentren an der Oberfläche der unmittelbar zu formenden Paraffinschicht und ihre derartige Gruppirung durch allmähliche Verschiebung gegen einander, dass das Paraffin die Form einer vom sonnambulen Bewusstsein des Mediums vorgestellten Handoberfläche annimmt. Diese Hypothese würde wiederum Herrn Aksakow und mir gemeinsam sein. Wenn Herr Aksakow darüber hinausgeht zu der Annahme, dass auch der ganze Innenraum der Handoberfläche mit Molekular-Kräften nach Art einer wirklichen Hand ausgefüllt sein müsse, so fügt er zu der uns eventuell gemeinsamen Hypothese eine unendliche Komplikation hinzu, die zu der Erklärung des eventuell zu Erklärenden nicht das Mindeste beizutragen vermag.

Der Unterschied zwischen einem materialisirten Finger im Sinne des Herrn Aksakow und einem Oberflächenkraftsystem von der Gestalt einer Fingeroberfläche lässt sich veranschaulichen durch den Vergleich eines künstlichen massiven Kautschukfingers mit einem hohlen Kautschukhäutchen von der Gestalt eines Fingers. Der Vergleich hinkt nur insofern, als auch das dünnste Häutchen noch einen Querschnitt von Billionen Molekülen besitzt, also materiell ist, während das Oberflächenkraftsystem gar keiner Dicke bedürfen würde, um das zu erklären, was es erklären soll. Deshalb wäre auch der hohle Gummifinger noch ebenso materiell wie der massive, während dem reinen Oberflächenkraftsystem das wesentliche Merkmal der Materialität fehlen würde. Auch könnten die sekundären Kraftcentra in dem Oberflächenkraftsystem billionenmal weiter auseinander stehen wie die Oberflächenatome der Fingerhaut; denn auch die feinsten Aderungen der Haut, die im Paraffinabdruck zu finden sind, umfassen in ihrer Breite noch ungezählte Billionen Moleküle, geschweige denn Uratome. Es ist also gar nicht gesagt, dass das Kraftsystem auch nur in seiner Ober-

flächenanordnung irgendwelche innere Aehnlichkeit mit
der atomistischen Struktur einer materiellen Oberfläche haben müsse, da es trotzdem einen für unsere
Sinnesschärfe vollkommen gleichen Abdruck hervorbringen kann. Damit schwindet der letzte Grund, in
dem Oberflächenkraftsystem eine von der Materie gleichsam abgelöste materielle Oberfläche sehen zu wollen.
Es ist etwas ganz anderes, was wir vor uns haben,
eine dynamische Erscheinung von objektiver Realität
und Formation, aber ohne Körperlichkeit, Dichtigkeit,
Massigkeit, Stofflichkeit oder Materialität, ein in mathe-
matischer Flächenhaftigkeit präparirtes System von
Kräften, das sein Widerlager am Medium, beziehungsweise an den von ihm mit Kräften geladenen Körpern hat.

Wenn man einen materiellen Körper zu durchdringen sucht, z. B. eine Hand durch einen Degenstich,
so ist nicht bloss die kohäsive Widerstandskraft der
Oberflächenmoleküle zu überwinden, sondern in jeder
Entfernung an der Oberfläche wiederholt sich dieser
Widerstand, weil überall Kraftgruppen liegen. Ein
blosses Oberflächenkraftsystem dagegen würde höchstens
an der Oberfläche selbst der eindringenden Degenspitze
Widerstand bieten, im Inneren gar keinen. Richtet
sich ein solches handähnliches Oberflächensystem nicht
gegen Paraffin, sondern gegen meine Hand, so werde
ich den Druck einer Hand zu spüren glauben, und
diese Empfindung wird keine Hallucination, sondern
sinnliche Wahrnehmung sein. Trotzdem wäre es ein
falscher Schluss, wenn ich glaubte, eine materielle
Hand zu fassen; unter einem plötzlichen kräftigen Druck
meiner Hand müsste die Oberflächenhand zu nichte
werden, während eine materielle Hand wohl zu Brei
zerquetscht, aber nicht zu nichte werden kann.

c. Die Beweise für die Stofflichkeit der Phantome.

Herr Aksakow bemüht sich zu beweisen, dass
materialisirte Gestalten oder Glieder oder Theile von
Gestalten eine Dichtigkeit und Stofflichkeit haben,
erstens durch den Nachweis ihrer Schwere (297—299)

und zweitens durch die Behauptung, dass abgeschnittene Haare oder Zeugstücke der Bekleidung nachher sich als materiell erwiesen (567—568). Was zunächst die Wägungen von Phantomen betrifft, so kenne ich keine, in denen selbstregistrirende Waagen zur Verwendung kamen, noch weniger solche, wo Medium und Phantom sich auf je einer selbstregistrirenden Waage befanden, deren Wägungen nachher hätten zeitlich kombinirt werden können. Wenn das Maximalgewicht des Phantoms dem des Mediums glich, so musste ich daraus schliessen, dass es das Medium selbst war, welches die Waage betreten hatte, und dass in den Fällen geringeren Gewichts das Medium nicht mit seinem ganzen Körpergewicht auf die Waage gedrückt hatte. Die Versicherung, dass das Verlassen des Kabinets durch das Medium unmöglich war, ist bedeutungslos gegenüber der Unannehmbarkeit des Gedankens, dass bei dem Maximalgewicht des Phantoms aller Stoff des Mediums in das Phantom hinübergewandert und das Medium absolut stofflos geworden sein sollte. Wenn aber das im Kabinet verbleibende Medium die Platte der Waage durch seine mediumistische Kraftladung schwerer oder leichter machen konnte, ähnlich wie einen Tisch, dann können die abgelesenen Gewichtsveränderungen auch nichts mehr für die Schwere eines gleichzeitig darauf= tretenden Phantoms beweisen, und die sogenannten Phantomswägungen werden zur Täuschung.

Abgeschnittene Haarlocken oder Gewandstücke müssen solange auf das Medium selbst, auf seine Kleider, oder auf solche die es mitgebracht hat, oder auf Helfershelfer, die als Phantome figuriren, bezogen werden, als nicht das Gegentheil streng erwiesen ist. Am wenigsten kann der völlig von seinem Medium düpirte Crookes in diesem Punkte als Zeuge gelten (568).

Ebenso misslungen ist der Versuch des Herrn Aksakow, die Materialisation menschlicher Gliedmaassen uns durch die Analogie einer Materialisation von leblosen Gegenständen oder Pflanzen glaubhafter zu machen. Der Beweis fehlt vollständig, dass das Gewand, welches Herrn Crookes bald durchlöchert, bald ganz erschien, irgendwelche objektive Realität hatte, oder dass die Gewänder, von denen bleibende Proben abgeschnitten werden konnten, Materialisationen und nicht ganz gemeinen Ursprungs waren (127). Bei der angeblichen Materialisation von Blumen und ganzen Pflanzen handelt es sich theils um Taschenspielereien der gewöhnlichsten Art, theils um forcirtes Pflanzenwachsthum aus mitgebrachten Samen oder Keimpflanzen (129—142), aber keinenfalls um Materialisationen. Das Phantom „Katie King", welches seine Finger in die Quecksilberschalen tauchte, verursachte dadurch keine Schwächung des galvanischen Hauptstromes, war also absoluter Nichtleiter (251); wenn diese Beobachtung richtig ist, so kann das Phantom keine einem menschlichen Organismus ähnliche Struktur und chemische Beschaffenheit gehabt haben. Diese Berichte sind übrigens völlig konfus, da Herr Harrison hinzufügt, dass demnach das Phantom dem galvanischen Strom einen fünfmal grösseren Widerstand entgegengesetzt habe als das Medium, während es heissen müsste: „einen unendlich mal grösseren".*) Alle Versuche, in den dynamischen Oberflächenkraftsystemen Materialität oder Dichtigkeit nachzuweisen, sind bis jetzt als völlig misslungen zu betrachten; dieser Satz würde auch dann seine Geltung behalten, wenn der photographische Nachweis gelungen wäre, dass solche Oberflächenkraftsysteme auch die lichtreflektirenden und dispergirenden Eigenschaften einer materiellen Oberfläche besitzen.

d. Tastbarkeit und Sichtbarkeit.

Herr Aksakow hält es für unlogisch, einer tastbaren und fühlbaren objektiv-realen Erscheinung die Sichtbarkeit abzusprechen (152—153). Er übersieht dabei, dass manches sichtbar ist, ohne tastbar zu sein

---

*) Auch sonst sind diese Berichte werthlos durch Mangelhaftigkeit: nur von Minute zu Minute wurden die Widerstände abgelesen (247), so dass zwischen zwei Ablesungen das Medium Zeit zu allen Manipulationen hatte. Durch Vertrocknung der Papierbäusche sank die Ablenkung des Galvanometers von 220—146° (246), ohne dass Kontrolversuche darüber stattfanden; die Abnahme wäre vielleicht viel grösser gewesen, wenn sie nicht theilweise aufgewogen worden wäre durch eine in ihr versteckte Zunahme, die durch Verschiebungen der Pole auf der Haut des Mediums bedingt war. Das ist lauter Spielerei unter pseudowissenschaftlichen Formen.

(z. B. Rauch, Dunst, Nebel), und anderes tastbar und fühlbar ist ohne sichtbar zu sein (z. B. eine Spiegelscheibe vor hellem Hintergrunde, heisse Luft, die aus einer Oeffnung strömt, schwache elektrische Entladungen, die Erschütterung in einem knackenden Möbel u. dgl.). Die Bedingungen, welche eine objektiv-reale Erscheinung erfüllen muss, um dem Tastsinn wahrnehmbar zu werden, sind eben ganz anderer Art, als die, welche sie erfüllen muss, um dem Auge wahrnehmbar zu werden. Beide können zusammentreffen, wie z. B. in der Oberfläche fester Körper von nicht zu geringer Ausdehnung, aber sie brauchen es nicht, wie z. B. in fein verstäubten festen Körpern, oder theilweise im flüssigen und gasförmigen Aggregatzustand. Um die auffallenden Lichtwellen in zerstreuter Weise zu reflektiren, oder um sie spiegelnd zu reflektiren, oder um Uebergangszustände zwischen beiden extremen Fällen zu liefern, dazu bedarf es einer ganz besonderen molekularen Struktur der Oberfläche. Die Lichtwellen sind so klein, dass sie von einem Oberflächenkraftsystem, welches eine billionenmal so weite Auseinanderstellung seiner Kraftcentra hat wie die Oberfläche unserer Haut, auch nur zu einem verschwindend kleinen Theile reflektirt werden könnten, in der Hauptsache aber hindurchdringen müssten, als ob nichts da wäre. Ein solches Oberflächenkraftsystem würde also weit durchsichtiger sein als die beste Glasscheibe, und deshalb für uns unsichtbar. Auf Grund seiner Tastbarkeit kann niemals seine Sichtbarkeit behauptet werden.

Herr Aksakow stellt dem nun vier verschiedene Zeugnisse entgegen, dass die schreibenden Hände auch als Hände gesehen worden seien, und zwar zwei davon als selbstleuchtende, zwei ohne Angabe, ob mit eigenem oder reflektirtem Licht (147—148). Denkt man sich die sekundären Kraftcentra eines handähnlichen Oberflächensystems jener Kraft verwandt, welche in glimmenden Punkten erkennbar wird, so kann eine grössere Koncentration des Glimmlichts die Oberflächenform im dunklen Zimmer sichtbar machen, ohne dass eine lichtreflektirende Oberfläche besteht. Die glimmenden Punkte in der handähnlichen Oberfläche können sogar schon recht weit von einander abstehen, weiter als die Breite der feineren Hautfalten beträgt, — und doch wird die Summe der leuchtenden Punkte dem Auge den Eindruck einer leuchtenden Hand machen.

Im Uebrigen ist es bei der Spannung der Aufmerksamkeit auf wunderbare Erscheinungen nicht zu verwundern, wenn der Tasteindruck einer die seinige betastenden Hand im Zuschauer die Gesichtshallucination einer die seinige berührenden Hand associativ auslöst. Am wenigsten ist dies dann zu verwundern, wenn das Medium in seinem sonnambulen Bewusstsein das Traumbild der Hand als einer zugleich sichtbaren und mechanisch wirksamen hat und diese subjektive Gesammterscheinung mit allen ihm zu Gebote stehenden Mitteln (d. h. physischen und psychischen) im Zuschauer wiederzuerzeugen sucht, wie das oben erörtert worden ist. Wenn jemand in einer Dunkelsitzung behauptet, ganz deutlich eine ihn berührende Hand gefühlt zu haben, so werde ich das so lange für eine blosse Tast- und Gefühlshallucination halten, bis die objektive Realität der Erscheinung durch bleibende physikalische Wirkungen erwiesen ist. Wenn jemand in solcher Lage behauptet, eine Gestalt (unter Ausschluss von Illusionen) gesehen zu haben, so werde ich so lange eine blosse Gesichtshallucination annehmen, bis das Vorhandensein einer objektiv-realen lichtreflektirenden Oberfläche durch physikalische (photographische) Wirkungen nachgewiesen ist.

Der photographische Nachweis kann nicht die Realität der Tastempfindung, der plastische Nachweis nicht die Realität der Gesichtsempfindung ausser Zweifel stellen. Das photographirte Phantom kann nebelhaft ungreifbar sein, und deshalb dem Tastsinn keinerlei Anhalt bieten; die plastisch formirte Gestalt kann unfähig zur Reflexion von Lichtstrahlen sein. Der photographische Nachweis einer Gestalt lässt die Möglichkeit offen, dass die mit der Gesichtswahrnehmung der Gestalt verknüpfte Tastempfindung eine blosse Hallucination ist, mag sie nun associativ oder suggestiv wachgerufen sein. Ebenso lässt der plastische Nachweis eines Gliedes die Möglichkeit offen, dass die mit der Tastwahrnehmung der Gliedgestalt verbundene Gesichtsanschauung eine blosse Hallucination ist. Der Nach-

weis der objektiven Realität muss für jeden der beiden
Sinne durchaus selbstständig geführt werden, wenn
nicht die schuldige methodologische Vorsicht der Beweisführung verletzt werden soll.

Bis jetzt scheint mir der Beweis der objektiven
Realität weder für ganze Gliedmaassen noch für Gestalten, weder auf dem Wege der Plastik noch auf
demjenigen der Photographie, weder für den Tastsinn
noch für den Gesichtssinn bis zu einem solchem Grade
von Glaubwürdigkeit erbracht zu sein, dass die Theorie
Anlass hätte, sich ernstlich mit Erklärungsversuchen zu
befassen. Für die Gussformen ist das bereits oben ausgeführt, es bleibt uns also noch übrig, einen Blick auf
die Photographien von Phantomen zu werfen.

e. Phantom-Photographien.

Nach den vorangeschickten Ausführungen wird der
Leser mir den Glauben schenken, dass ich keinerlei
Interesse daran habe, die objektive Realität der Phantome in Bezug auf lichtreflektirende Oberflächen zu
leugnen, und dass der photographische Nachweis derselben keinen meiner Cirkel stören würde. Denn der
photographische Nachweis einer lichtreflektirenden Oberfläche der Phantome würde zwar ihre objektive Realität,
aber noch nicht ihre Sichtbarkeit beweisen („transcendentale Photographie"); auch die scheinbare Sichtbarkeit derselben für ein sensitives Medium würde auf
einer „wahrhaften Hallucination" beruhen können, und
selbst die Sichtbarkeit für normale Augen müsste erst
mit einem photographischen Eindruck von normaler
Stärke zusammentreffen, um die Sichtbarkeit ausser
Zweifel zu stellen. Die Sichtbarkeit wiederum würde
nichts für die Tastbarkeit beweisen, da die Berichte so
oft von dem widerstandslosen Hindurchgehen und Hin-
durchfassen durch Phantome sprechen. Die Sichtbarkeit
einerseits und die Tastbarkeit andererseits könnten an
Phantome von ganz verschiedener Konstitution und dynamischer Oberflächenstruktur vertheilt sein, an wider-
standslose Nebelgebilde und an unsichtbare mechanische
Oberflächenkraftsysteme. Die Vereinbarkeit der Tastbarkeit und Sichtbarkeit, oder der plastischen Wirkungs-

fähigkeit und Photographirbarkeit an einem und demselben Phantom müsste auch dann noch besonders empirisch nachgewiesen werden, wenn die Plasticität und
Photographirbarkeit jede für sich an verschiedenen
Phantomen bereits ausser Zweifel gestellt wäre. Die
Vereinigung von Plasticität und Photographirbarkeit an
demselben Phantom würde eine dynamische Oberflächenstruktur beweisen, die sowohl zur Hervorbringung mechanischer Kraftäusserungen als auch zur zer-
streuten Lichtreflexion geeignet und befähigt ist, aber
sie würde gar nichts dafür beweisen, dass dieses flächen-
hafte Dynamidensystem auch irgend welche Dicke hat,
durch die es erst eine Analogie mit dem Dynamidensystem eines materiellen oder stofflichen Körpers ge-
wänne. Aber selbst wenn sich auf irgend welchen anderen Wegen die Materialität oder stoffliche Dichtigkeit und körperliche Raumerfüllung der Phantome nach-
weisen liesse, so könnte sie doch immer nur vom Medium formirt und geleitet, nur aus seiner Kraft und
seinem Stoff geschöpft und gebildet sein, könnte also
durch ihre Stofflichkeit niemals für, sondern immer
nur gegen einen geistigen Ursprung Zeugniss ab-
legen und auf einen stofflich-irdischen Ursprung (den
Leib des Mediums) hindeuten. Je stofflicher die
Phantome sich herausstellen sollten, desto weiter
würden sie von der Geisterhypothese abführen. Es ist
mir deshalb völlig unverständlich, wie gerade die Ver-
treter der Geisterhypothese auf die Behauptung der
Stofflichkeit der Phantome jemals haben einen Werth
legen können.

Photographirbar können Phantome aus zwei ganz
entgegengesetzten Gründen werden, erstens wenn ihre
Oberfläche oder ihr ganzer Raumgehalt selbstleuchtend
wird, oder mit nahe an einanderliegenden selbstleuchtenden Punkten besetzt wird, und zweitens, wenn ihre
Oberfläche lichtreflektirende Eigenschaften erhält. Die
polariskopische, spektroskopische und photometrische
Untersuchung allein kann über die Unterschiede selbst-
leuchtender Lichtquellen und reflektirter Lichtstrahlen,
über die Färbung, resp. den Brechbarkeitsgrad und
die Lichtstärke sichere Auskunft geben. Die Lage der
Strahlen innerhalb oder ausserhalb des sichtbaren Spek-

trums müsste dabei noch durch spektroskopische Photographien kontrolirt werden.

Von alle dem ist noch nichts geschehen. Die meisten Versuche, Phantome zu photographiren, fallen noch vor die Zeit, wo die Sache durch das Magnesiumblitzlicht und die Augenblicksaufnahmen ohne jede Störung für das Medium und den Cirkel möglich gemacht ist.

Die kleine bläuliche Spiritusflamme, durch welche der Magnesiumstaub hindurchgeblasen wird, darf auch ohne Blende kein entwickeltes Materialisationsmedium geniren. Die gleichzeitige Aufstellung mehrerer auf das Medium eingestellter Apparate an verschiedenen Stellen des Zimmers und die gleichzeitige Lüftung ihrer Verschlüsse durch einen Fusstritt auf die pneumatische Leitung ermöglicht es, die Stellung des Phantoms zum Medium und seine dreidimensionale Form aus den Photographien genau zu rekonstruiren, und die automatische Vorschiebung einer neuen Platte durch denselben Fusstritt gestattet die fortlaufende photographische Kontrole der zeitlichen Veränderungen in der Beschaffenheit und Stellung, im Entstehen und Vergehen des Phantoms. Das Blitzlicht von $^1/_{40}$ Sekunde Dauer ist längst vorbei, ehe das geblendete Modell mit den Gesichtsmuskeln zucken kann, also erst recht vorüber, ehe das Phantom sich durch das Licht gestört fühlen kann.

Die technischen Hülfsmittel sind jetzt zu einer Vollkommenheit gediehen, dass es ein Leichtes sein müsste, die ganzen Phantome oder materialisirten Gliedmaassen auch bei Dunkelsitzungen photographisch aufzunehmen, wenn sie überhaupt photographirbar wären, und der photographische Dilettantismus ist so verbreitet, dass es kaum je an Operateurern fehlen kann. Seitdem durch meine Spiritismusschrift auf die Photographie als das einzige Beweismittel für die optische Realität der Phantome hingewiesen worden ist, hat es an Bemühungen nicht gefehlt. Desto auffälliger ist die Dürftigkeit der vorliegenden Resultate. Dieselben sind nicht nur an Zahl verhältnissmässig gering, sondern auch ihrem Ausfall nach so wenig überzeugend, dass selbst entschiedene Anhänger des Spiritismus den Beweis für die Photographirbarkeit der Phantome als noch nicht erbracht ansehen. In Betreff der von Herrn Aksakow mit Eglinson in London angestellten Versuche (285—286), welche er selbst als völlig beweisend erachtet, und bei denen es Eglinson nach seinen eigenen Aeusserungen speciell darum zu thun war, den Gegenbeweis gegen meine Hallucinationshypothese zu erbringen, verweise ich auf die „Sphinx" 1887, Bd. IV S. 124—126 und 280—285 und „Psych. Stud." 1888, Bd. XV S. 54. Nach seiner Entlarvung der Stansbury'schen Geisterphotographien in den „Psych. Stud." 1890 S. 548—555 dürfte Herr Aksakow selbst wohl auch über den Fall Eglinton und über die Gliederabgüsse etwas skeptischer zu denken geneigt sein, als bei Abfassung seines Werkes.

Von vornherein auszuscheiden sind alle photographischen Aufnahmen, die von Berufsphotographen und Verkäufern von Geisterphotographien gemacht sind, auch wenn dieselben nicht gerade gerichtlich des Betruges überführt sind. Höchst verdächtig sind alle Aufnahmen bei Tageslicht, bei denen Gestalten in reflektirtem Licht auf der Platte erscheinen, die von keinem der Anwesenden gesehen worden sind; denn Materialisationen gelingen bekanntlich fast nur im Dunkeln oder bei stark gedämpftem Licht, und wir kennen keine chemische Substanz, deren reflektirte Lichtstrahlen so ganz und gar ausserhalb der Spektrumsgrenze lägen, dass ihr keine sichtbaren Strahlen beigemischt wären. Verdächtig sind ferner lange vergebliche Versuchsreihen, deren heisses Bemühen endlich durch einen, wenn auch nur kleinen Erfolg belohnt wird; denn hier wittert man die Hand des gutmüthigen Schalks, der den Freunden endlich zu der lang ersehnten Freude verhelfen will, um so mehr, wenn das Urbild der auf der Platte erscheinenden Geisterhand als missrathene Zeichnung gedacht werden muss. Verdächtig sind ferner zwar nicht die Photographien, desto mehr aber die Phantome in solchen Fällen, wo die Körperlichkeit durch alle Sinne zugleich bezeugt zu werden scheint, wo die Wärme der Hand, die Bläue der Adern und die Beschaffenheit des Pulses zu spüren sind; denn da liegt doch wohl der Verdacht nahe, dass das Medium selbst oder ein Helfer die Rolle des Phantoms spielt, uns um so näher, wenn er den Zeugen und dem Berichterstatter offenbar ganz fern gelegen hat, so dass sie es an den nöthigen Vorsichtsmaassregeln gegen derartige Täuschung fehlen liessen. Verdächtig ist das Zeugniss selbst eines Mannes der Wissenschaft, wenn er so sehr im Zauberbann des Mediums oder der von ihm erregten Illusion liegt, dass der schwärmerische Enthusiasmus mit seiner kritischen Besonnenheit durchgeht (z. B. bei Crookes). Verdächtig sind die meisten älteren Berichte über Geisterphotographien schon darum, weil die früheren Berichterstatter die verschiedenen möglichen Trücs zur Erzeugung von photographischen Täuschungen gar nicht oder nur zum kleinsten Theile kannten, oder doch alle zu kennen glaubten, und deshalb gar nicht im Stande waren, ihre Aufmerksamkeit auf die entscheidenden Manipulationen oder Vorbereitungen zu richten.

Es ist ein methodologischer Irrthum, wenn Herr Aksakow glaubt, man könne die möglichen Trücs eines Taschenspielers im Voraus so aufzählen und erschöpfen, dass der Ausschluss aller der aufgezählten Täuschungen die Aechtheit der Erscheinung verbürgt. Denn jeder gute Taschenspieler und jeder gewandte Betrüger kann neue und eigene Trücs zu den schon bekannten hinzu erfinden. Die Aufzählung der bekannten Trücs kann immer nur gegen diese, nicht gegen neu ersonnene schützen. Die Sicherung gegen die bereits bekannten Trücs darf nicht unterbleiben, wenn der Bericht überhaupt der Erwägung und Erörterung werth sein soll; aber sie kann auch nicht mehr thun, als den Bericht diskussionsfähig machen. Der entscheidende Punkt ist immer, ob die Zeugen auch die nöthige Ruhe, Aufmerksamkeit und Geistesgegenwart besessen haben, um ausser dem Ausschluss der alten Trücs auch die Anwendung neuer zu durchschauen. Nachher ist das kaum möglich, selten genug aus der Negativplatte, noch weniger aus positiven Abzügen, am wenigsten aus Lichtbildern, die nach positiven Abzügen hergestellt sind.

Alles was ich bisher an Bildern und Berichten zu sehen bekommen habe, scheint mir keine nähere Erörterung zu verdienen, mit Ausnahme der schon in meiner Spiritismusschrift erwähnten Aufnahmen von

Beattie; sie werden von demselben als selbstleuchtende,
durchsichtige, keinen Schatten werfende, nur dem sensitiven Medium sichtbare, den übrigen Theilnehmern
unsichtbare, geformte Nebel beschrieben, die einen ausser-
ordentlich starken Eindruck auf die Platte machen
(66—67, 60). Wir hätten es also hier mit intensivem
Eigenlicht von so starker Brechbarkeit zu thun, dass
es gewöhnlichen Augen unsichtbar ist und nur in dem
sensitiven Auge des Mediums in sichtbare Strahlen von
genügender Stärke umgewandelt wird. Die Umrisse
sind verwaschen; es ist also keine scharf abgegrenzte
Oberfläche vorhanden. Die Unfähigkeit, Schatten zu
werfen, in Verbindung mit Durchsichtigkeit beweist das
Fehlen einer Reflexion an der Oberfläche; denn der
Schatten entsteht eben dadurch, dass die reflektirten
und absorbirten Strahlen nicht durch den Nebel hindurchgehen. Stofflicher Nebel und Rauch, ja sogar
eine Tafel von Spiegelglas werfen bekanntlich einen
sehr deutlichen Schatten; was keinen Schatten wirft,
ist entweder kein Körper, oder ein völlig durchsichtiger
Körper (weit durchsichtiger als Spiegelglas). Wenn
also die Beattie'schen Aufnahmen keinen Betrug ein-
schliessen, so würde aus ihnen zu folgern sein, dass
mediumistische Glimmlichter sich zu geformten Licht-
nebeln zusammenballen können, die aber keine lichtreflektirende Oberfläche haben.

Man könnte dies durch eine Art elektrischer oder
odischer Glimmlichter zu erklären suchen, sei es nun,
dass die glimmenden Lichtpunkte vom Medium selbstständig in den Raum hinausgesetzt werden, oder dass
sie als kleine Lichtsphären bestimmte Gasmoleküle der
Zimmerluft umgeben, oder dass sie sich auf die in der
Zimmerluft stets schwimmenden Staubtheilchen (Sonnen-
stäubchen) als auf ihre stoffliche Unterlage stützen.
Auf alle Fälle hätte eine solche selbstleuchtende Form
nichts von Materialität, Stofflichkeit, Dichtigkeit, Masse
oder Schwere an sich, und durch das engere Zusammen-
rücken der glimmenden Lichtpunkte könnte nur die
Lichtintensität der Erscheinung verstärkt, aber niemals eine Stofflichkeit oder eine lichtreflektirende Oberfläche geschaffen werden. Es giebt
von diesen selbstleuchtenden Phantomen keinen Ueber-

gang zu den lichtreflektirenden, sondern es bedürfte dazu eines totalen Umschlages der Erscheinung in das Gegentheil ihrer selbst. Wenn beide Arten von Erscheinungen eine objektive Realität besitzen sollten, so müssten sie auf entgegengesetzten Eigenschaften und dynamischen Strukturverhältnissen beruhen, ähnlich wie die lichtreflektirenden und die mechanisch wirksamen Kraftsysteme verschieden konstituirt sein müssten. Aber ich habe, wie gesagt, noch keine Berichte über photographische Aufnahmen lichtreflektirender Phantome gefunden, die ein solches Maass von Glaubwürdigkeit besessen hätten, um sie einer ernsthaften Diskussion zu würdigen.

f. Die Glaubwürdigkeit der Berichte.

Ich wiederhole zum Schluss das am Anfang Gesagte, dass ich über die Thatsächlichkeit auch der bedingungsweise erörterten Erscheinungen keineswegs ein Urtheil abgeben will; es wäre nur ermüdend für den Leser gewesen, diese Verwahrung in jedem einzelnen Falle zu wiederholen, und ich habe deshalb der Kürze halber mich in der Regel so ausgedrückt, als ob ich die erörterten Thatsachen gelten liesse, ohne die immer vorausgesetzte Bedingung ihrer erweislichen Thatsächlichkeit ausdrücklich hinzuzufügen.

Bis jetzt leidet die Mehrzahl der Berichte an dem Uebelstand, dass die Berichterstatter und Zeugen erstens von vorgefassten Meinungen ausgehen, anstatt unbefangen und aufmerksam zu beobachten und sorgfältig zu untersuchen, und dass sie zweitens noch zu oft im Unklaren darüber sind, auf welche Punkte es in der Berichterstattung ankommt. Wie das Misstrauen lähmend auf die Medien und ihre Produktionen wirkt, so wirkt ein blindes Vertrauen verblendend auf den Scharfblick der Beobachter. Das Vertrauen in die Ehrlichkeit der Berufsmedien ist ja nachgerade auch in spiritistischen Kreisen stark genug erschüttert; aber das Vertrauen in die Ehrlichkeit von Privatmedien ist bis jetzt noch viel zu gross. Nicht bloss der Erwerbstrieb, sondern auch die Eitelkeit, die Ruhmsucht, der Wunsch, bewundert und für ein auserlesenes Rüstzeug

gehalten zu werden, die Herrschsucht, welche durch
den Einfluss der Medien über manche Gläubige Be-
friedigung findet, und nicht zum wenigsten die Be-
kehrungssucht oder der Fanatismus der spiritistischen
Propaganda sind ebensoviel Motive, die zur absichtlichen Täuschung führen können.

Je fester die spiritistische Ueberzeugung in dem
Medium wurzelt, desto leichter erscheint ihm die pia
frans der Nachhilfe zur grösseren Ehre der Geister
verzeihlich, und an solchen Täuschungen können selbst
spiritistische Fanatiker, die nicht Medien sind, mit-
wirken. Insbesondere tritt diese Gefahr ein für diejenigen experimenta crucis, auf deren Ausfall sich die
Diskussion zeitweilig zugespitzt hat wie auf ein Ereigniss, das für den Sieg oder das Unterliegen der
spiritistischen Theorie in irgend welcher Richtung entscheidend werden soll (z. B. die gegenseitige Durchdringung zweier nach den Jahrringen gedrechselter
Holzringe, oder die Phantomphotographie). Hier ist
der äusserste Grad von Skepsis am Platze, der wohl
von Misstrauen zu unterscheiden ist. Gesteigert wird
die Verführung zum Betruge noch dadurch, wenn für
das Gelingen eines solchen Versuchs hohe Belohnungen
in Aussicht gestellt werden.

Besonders schwierig wird die Betrugsfrage, wenn
das sonnambule Bewusstsein sich an der Täuschung
der Anwesenden durch Mitwirkung zur Erreichung des
Zwecks thatsächlich betheiligt, ohne sich der Mittel zur
Herbeiführung des Zweckes oder gar ihrer täuschenden
Beschaffenheit bewusst zu sein. Dieser mit einem ziemlich unglücklichen Ausdruck häufig „unbewusster Betrug" genannte Vorgang zeigt sich sehr häufig in den
rein sonnambulen Zuständen des Mediums während der
Sitzung, und kann unterstützt werden durch vorhergehende sonnambule Zustände und die in derselben ohne
Vorwissen des wachen Bewusstseins vorgenommenen
Vorbereitungshandlungen (z. B. Vorbereitung des Ap-
ports von Gegenständen auf grosse Entfernungen durch
sonnambules Ansichnehmen und Mitführen der Gegenstände, die der wache Mensch mit gutem Gewissen eid-
lich ableugnen kann).

Ganz komplicirt werden die Verhältnisse bei den

verschiedenen Graden des larvirten Sonnambulismus, wo ein Zusammenwirken des bewussten und unbewussten Betruges stattfinden kann. Da in solchen Zuständen das wache Bewusstsein sich immerhin in einem Grade abnormer Depression befindet, so darf ihm auch nur eine beschränkte Zurechnungsfähigkeit zugeschrieben werden, während das gleichzeitig thätige sonnambule Bewusstsein sittlich ganz unzurechnungsfähig ist. Die Anwesenden merken nur zu oft nichts von der Depression des wachen Bewusstseins im Medium und fahren deshalb fort, dasselbe für ebenso sittlich zurechnungsfähig zu halten, wie es im normalen Zustande ist; thatsächlich aber ist die Zurechnungsfähigkeit des wachen Bewusstseins um so mehr beschränkt, je stärker das sonnambule Bewusstsein sich in mediumistischen Leistungen bethätigt. Deshalb ist es ganz unzulässig, dasjenige Vertrauen in seine sittliche Zuverlässigkeit, welches man einem Privatmedium im normalen Zustande zu schenken berechtigt ist, auch auf die abnormen Zustände auszudehnen, in welchen es mediumistische Leistungen producirt.

Dieses Fehlers machen sich aber die spiritistischen Berichterstatter fast ausnahmslos schuldig. Das Vertrauen darf niemals irgend welche Rolle spielen, auch nicht Privatmedien gegenüber, die in ihrem sonstigen Leben als die vertrauenswürdigsten Charaktere bekannt sind; alle Beweise der Thatsachen müssen — auch unter Ausschluss von Berufsmedien — so eingerichtet sein, dass das Vertrauen kein Glied in der Schlusskette bildet. Wo gegen diesen Grundsatz verstossen ist, da dürfen die Spiritisten sich nicht wundern, wenn man ihren Berichten die objektive Glaubwürdigkeit abspricht, da wäre es unbillig, die Erklärung durch Betrug bloss darum zu verschmähen, weil sie die billigste ist.